完全永久保存版 歴史を動かした最強打者

大谷翔平

～世界一から黄金時代へ～

斎藤庸裕

TOYOKAN BOOKS

はじめに

2024年、大谷翔平の周りでとにかくいろんなことが起こった。7年間でおよそ800試合、現地米国を拠点とする記者では最も多くメジャーでのプレーを見てきたが、最も激しく事が動いたかもしれない。パフォーマンスはもちろん、グラウンド外の出来事でも驚くことが多々あった。想像をはるかに超えてくるのは、今に始まったことではない。職業柄、過去の傾向や取材に基づいて、これから起きることをあらかじめ頭の中で描くこともある。だが、大谷にはほぼ通じない。だから、見ていて楽しいのだろう。

シーズン開幕前、過去6年間ともにプレーし、大谷の兄貴分的存在だったエンゼルスのマイク・トラウト外野手に取材する機会があった。シンプルに、ショウヘイ・オオタニの魅力を聞くと、こう言った。「何が起こるかわからないんだ。そういうワクワク感が、人々をより一層、引きつけていると思う」。一番近くで一番長く、プレーしていた選手の言葉は説得力があった。

各球場の記者席からすさまじいパフォーマンスを目の当たりにしながら、熱狂とは適度に距離を置き、冷静に物事を捉えることを心がける。ジャーナリズムを意識し、公平公正に、状況次第で批判的な視点を持つ必要も出てくる。だが、そんな建前論など忘れてしまうほど、プレーを見ながら興奮してしまうのが正直なところだ。数々の偉業にメジャーリーグのスター選手ですら、よく言葉を失うことがある。表現の仕方がわからないとはつまり、最大の敬意を意味する。

そして今や、メジャーリーグの枠を越え、多方面から注目される。スポーツ史上最高額（当時）で10年契約を交わし、世界的ニュースとして話題になったことで、欧州フランスの老舗サッカー雑誌『レキップ』が大谷の大特集を組んだ。米国中南部ヒューストンの大学生は、インターンシップとして地元紙の特集記事を執筆するため、複数の日本人記者を取材した。10月下旬のワールドシリーズ中には、Apple社が日米のドジャース番記者を取材。大谷の魅力を伝えるドキュメンタリー番組を世界中に配信することを決めた。

米国の首都ワシントンD.C.にあるスミソニアン博物館には、23年7月27日のタイガース戦で着用していた大谷のユニホームが寄贈された。同日、ダブルヘッダーの第1試合で完封し、第2試合で2打席連続本塁打を放った二刀流の伝説が、世界最大級の研究機関で語り継がれることになった。

2019年5月、新元号の令和に変わる直前、大谷が発した力強い言葉が忘れられない。「野球人生を語るにはまだまだ序章。その前段階として、平成があったのかなと。新しい元号になって、これからが本番だと思っているので、しっかり自分の力をもっともっと高く、もっていけるように、そういう年に毎年したいなと思っています」。紆《う》余《よ》曲折があったとはいえ、改めて振り返ると、その通りになった。

おそらく、ドジャース移籍は大谷の野球人生にとって最大の転換期だろう。入団会見では「野球選手として、あとどれぐらいできるかっていうのは正直、誰もわからない。勝つことっていうのが、僕にとって今一番大事」と言った。プロ入りから12年。30代となり、フィジカルや体力面でもピークがやってくる。黄金期を築いていくなら、今しかない。夢描く野球人生は果たして、どうなっていくのか。楽しみは尽きない。

CONTENTS

文中敬称略。試合日は現地時間に合わせたものとする。

大谷翔平誕生

伝説はこの日から始まった――

「優勝」と「挑戦」を胸に、大谷は新たな野球人生の第1歩を刻んだ。2023年12月14日のドジャース入団会見。快晴に晴れ渡った青空の下、スタジアムのセンター後方に用意された特設ステージに上がった。所信表明のスピーチ。球団関係者やファンへの感謝を示し、あふれ出るワクワク感を口にした。

「明確な勝利を目指すビジョンと、豊富な球団の歴史を持つ、このロサンゼルス・ドジャースの一員になれることを今、心よりうれしく思うと同時に、すごく興奮しています」

北米スポーツ史上最高額となる7億ドル（当時のレートで約1045億円）で契約。メジャーデビューから6年間所属したエンゼルスから、意を決して移籍した。**「常に挑戦したいなと思ってますし、ここに、ドジャースにお世話になると決めた後も、そこに対してのチャレンジだと思っているので」**。強豪球団とはいえ、勝ち続けることは簡単なことではない。頂点を目指すため、必要なこととは何か――。大谷はこう言った。

「全員が勝ちに、同じ方向を向いているということが大事だと思うので。オーナーグループ、フロントの皆さんもそうですし、もちろんチームメート、ファンの皆さんもそうですし、みんなが、そこに向かっているというのが一番大事かなと思います」

それを周囲に求めたわけではない。大谷自身が、**「優勝を目指しながら、まずは欠かせなかったと言われる存在になりたい」**と、勝つ集団の一員になることに意欲を示していた。同じベクトルで前に進むため、率先してドジャース野球を知ることに努めた。2月の春キャンプからシーズンを通じ、「本当に1年目のつもりで、まずは環境に慣れる、チームメートにも慣れることが最優先」と繰り返し口にした。チームに溶け込み、その上で自分の能力を最大限に生かす――。それが、メジャー屈指の長打力であり走力だった。

開幕当初は苦しみながらも、徐々にドジャース野球に浸透していった。前半81試合を終え

「時間が経つにつれて、この人はどういう人とか、チーム全体としての印象もそうですけど、自分がドジャースという球団、チームメートにまず慣れる必要がある。そういう意味では素晴らしい前半戦だった」と手応えがあった。すると、チームとの化学反応は後半戦で一気に加速。本塁打と盗塁を継続的に量産し、シーズン終盤で追い上げてきた同地区のライバル・パドレスを振り切るのに不可欠な存在となった。

デーブ・ロバーツ監督が掲げるドジャース野球は、守りを固め、積極的な進塁やチーム打撃から1点を取りにいく〝緻密さ〟にあった。大谷はそれを先頭に立って実践した。**「出塁する選手も多いですし、ホームランも出てますけど、それ以外の走塁だったり犠牲フライ、そういう細かいところがしっかりできているのがいい野球につながっている」**。シーズン終盤に振り返った言葉が、目指していた理想の全員野球に近づいていることを示していた。

もっとも、土壇場で勝敗を決するのは選手それぞれの懸命さや、最後まで諦めない意思の強さでもある。常勝ドジャースの一時代を築いたベテラン左腕クレイトン・カーショーは「僕らは、とても逆境に強いチーム。皆それぞれが、互いを信じている。成し遂げられると、強い信念がある」と言った。その中心に、大谷がいた。ポストシーズンや優勝争いの節目で「必ず勝てる」「十分勝てる」と仲間を信じ、チームの苦難が訪れても不屈の精神を貫いた。全員が同じ方向へ進み、心がけたドジャース野球との完全融合。入団会見で宣言した通り、有言実行の1年となった。

ドジャース

PICK UP GAME 001

新天地ドジャースでのデビュー戦 憧れの大投手から移籍後初安打

楽しみだった初対決

ドジャース大谷翔平の幕開けは、憧れの大投手とともに始まった。同じナ・リーグ西地区のパドレスと、韓国の首都ソウルで開催された開幕2連戦。相手の先発は大谷が野球少年の頃からテレビなどの画面上で見てきたダルビッシュ有だった。日本を代表する投打のNo.1が激突。メジャー7年目でようやく実現した初対決で、大谷の移籍後初安打が生まれた。

3回2死の第2打席、外角高めに甘く入ってきたシンカーを捉えた当たりは、右翼フィールドで弾んだ。第1打席は遊ゴロで打ち崩されたが、第2打席で挽回した。記念すべき移籍後の初安打を打球速度112・3マイル（約181キロ）の強烈な打球で飾った。

「1球1球やっぱり気合入ってたと思いますし、素晴らしい球が来ていた。（1打席目も）どっちも（2ストライクで）追い込まれた打席で、僕のほうとしては苦しい打席でしたけど、なんとか1本出て良かった」

大谷は日本ハム時代、ダルビッシュから背番号11を継承した。13年から日本ハムに所属した一方で、ダルビッシュは12年からメジャー挑戦。レンジャーズに移籍し、日本でともにプレーをすることはなかった。同じユニホームを着たのは23年3月のWBC。日の丸を背負い、ともに世界一奪回に貢献した。移籍1年目、シーズンの開幕戦で対決するのは、やはり特別感があった。

「すごい小さい頃から見ていた大好きな投手ですし、目標にしてきた方なので。WBCでも一緒にやらせてもらったりとか、（オフの）練習もやらせてもらったりとか、本当によくしてもらっている。個人的に楽しみですし、これまで対戦がなかったので、それも含めて思い入れがあるかなと思う」

大谷自身にとって、開幕戦でドジャースの一員として活躍することにも大きな意味があった。昨年9月19日に2度目となる右肘の手術を行った。今春2月のキャンプはリハビリからスタート。順調に強度を上げ、スケジュール通りに間に合わせた。**「体調がいいのが一番かなと。今日まず試合に出れて、最後まで出て終わったっていうのがまず1つ、術後の経過としてそういうスタートを切れたのが一番良かった」**

昨年までの赤いユニホームではない。青基調の姿でドジャースとしての新たな伝説が始まった。**「緊張感はありましたけど、でもピッチャーのほうがやっぱり緊張するので、それはやっぱ変わ**

2024.3.20
パドレス戦
（韓国・高尺スカイドーム）
○5-2

打順
2番（DH）

打撃成績
5打数2安打
1打点1盗塁

遊ゴロ　右安　三ゴロ
投ゴロ　左安

らないですし、リラックスしながら今日は入れた」と、打席ではワクワク感のほうが上回る打者大谷も健在だった。ダルビッシュから初安打をマークすると、3番フレディ・フリーマンの初球でいきなり盗塁を成功させた。エンゼルスから移籍を表明後、ドジャー・スタジアムでさっそく走塁改革に着手。春キャンプでもスタートダッシュの反復練習を繰り返した。開幕戦での大谷の盗塁が24年シーズンのチーム初盗塁。これが、前人未到の「50-50（50本塁打&50盗塁）」達成への1歩目となった。

初安打、初盗塁に加え、初打点も飾った。逆転した直後の8回1死一、二塁、左腕モレホンの内角ツーシームを捉え、左前に運んだ。メジャー7年目で、開幕戦のマルチ安打と打点は自身初。「**最初のスタートとしてまず勝てたのが、良かったですし、最後まで粘り強くというか、諦めずに逆転できたのがチームとして良かった**」と勝ちに貢献できたことが、何よりうれしかった。

23年12月9日、北米スポーツ史上最高額となる7億ドル（約1045億円）の10年契約を交わした。世界的に注目を浴びながら、迎えた新天地での初戦。2月29日には真美子さんとの結婚を発表し、新しい家族が見守る中で迎えた特別な開幕戦。ドジャースの歴史に華々しく名を刻んだ。

PICK UP GAME
002

満員の大歓声に包まれながら本拠地デビュー

2024.3.28
カージナルス戦
(ドジャー・スタジアム)
○7-1

打順
2番(DH)

打撃成績
3打数2安打
右2 四球 右安 空三振

新しい大谷物語の序章

大谷の本拠地デビューに、チケット完売の満員で埋まった観衆5万2667人が熱狂した。試合前の選手紹介ではセンターから敷かれたブルーカーペットを走り、ロバーツ監督を始めコーチ陣、同僚、チームスタッフらとともに三塁側に整列した。青色に染まったドジャー・スタジアム。毎打席、大歓声を浴びた。

「ファンの人も多く入ってもらって、敵の時は怖いですけど、味方の時はとても心強く、素晴らしい声援をいただいてありがたかった」

メジャー7年目だが、ドジャースでは移籍1年目。大注目を浴びた。エンゼルス時代に培った経験と自信があったとはいえ、冷静ではいられなかった。

「興奮はしてましたし、1打席目からヒットが出たので、ちょっと安心ではないですけど、スタートとしては良かったかなと思います」

本拠地で初めて踏んだ第1打席は1回無死一塁、元巨人マイコラスとの対戦だった。外角低めチェンジアップをすくい上げ、華麗な右翼線二塁打をマーク。大声援と期待に応える一打を、いきなり見せつけた。

エキサイトしすぎたのか、前の走者ムーキー・ベッツが三塁で止まったに

もかかわらず、大谷は三塁コーチの制止を見ずに二塁を蹴って走ってしまった。結果的に挟殺プレーでアウト。失敗もあったが、「**また確認して、次修正したい**」と走塁面の改善を誓った。

試合前の準備で相手チームの予習を行い、自分のプレーを復習し、次回につなげる。野球がうまくなるために、探究心が絶えないのはエンゼルス時代から変わらない。チームメートとベンチ内で話し合う姿も然りだ。「**自分の打席の感覚とか、ピッチャーのボールとか、どういう変化なんだっていうのは比較的、エンゼルスの時もやってたので。僕がどう見えてるかの感覚を、初めてのチームの選手たちは知らないですし、共有するのは大事かなと思います**」と、打者大谷の視点を知ってもらうためにも、積極的にコミュニケーションをとった。

開幕当初は、1番ベッツ、2番大谷、3番フリーマンの上位打線でチームを引っ張った。3選手ともにMVP経験者。豪華なトリオで、ホーム開幕戦はベッツ、フリーマンの2選手が本塁打を放った。大谷は「**僕だけホームランは打てなかったですけど、比較的いい打席だったんじゃないかなと思うので、いいゲームだった**」と自虐を交えてニヤリと笑いながら、快勝に充実感をにじませた。

韓国での開幕シリーズを終えてから、米国ロサンゼルスの本拠地ドジャー・スタジアムで開幕するまで1週間。元通訳の水原一平氏と離別するなど、思いも寄らない危機が訪れることもあった。聞き取り調査を行っていたMLB側との面談など対応に追われ、状態維持で最も重視する睡眠スケジュールが崩れた。「**体調の管理含めてちょっと難しいところはあったので、こっち（ロサンゼルス）に来てから正直、感覚的には良くなかったし、（打席でボールの）見え方的にもそこまで良くはなかった。その中でいい感覚を1試合目から出せたのは良かった**」。本塁打はなくとも、復調の兆しを見いだせる打席に胸をなで下ろした。

開幕戦から3試合連続安打に加え、四球を選び、得点も記録した。先制攻撃の起点となり、チームの勝利に貢献する姿は、ドジャース野球の一員としてなんとか浸透しようとしている気持ちの表れだった。

「**ヒットが出てるのも、振る、振らないの判断含めて、比較的クオリティーの高い打席だったかなと。それを継続するのが難しいですし、明日に向けてまた対策したい**」

まだまだドジャース大谷の新しい物語は序章。もがき、苦しみながらも、不屈の精神で道を切り開いていく。

PICK UP GAME 003

開幕から9戦、41打席目で待望の移籍後初ホームラン

2024.4.3
ジャイアンツ戦
（ドジャー・スタジアム）
○5-4

打順
2番（DH）

打撃成績
4打数2安打
1打点1本塁打
空三振　一安　左直　右中本

メジャー1号も4月3日

みんなが待っていたドジャース大谷の1号本塁打が、やっと出た。開幕から9試合、41打席目。試合後、大谷はほっとしたような、穏やかな表情だった。**「かなり長い間打ってないなっていう感覚だった。まず1本出て、安心してるのが率直なところ」**。7回2死、ジャイアンツの左腕ロジャースの外角球を完璧に捉えた当たりは、右中間スタンドへ飛び込んだ。

新天地での節目の1発にはやはり、思い入れがあった。**「ファンの人と話して、頂けるってことだったので。僕にとってはすごく特別なボールなので、本当にありがたい」**。記念球は最終的に、観客席で手にしたファンから大谷自身の元へ届けられた。大谷のホームランボールは年々、価値が上がり、1号本塁打の行方も注目されていただけに、ファンの理解に感謝の気持ちを示した。

野球界の顔として、これまで計り知れない期待と責任を背負ってきた大谷も、いち人間だ。環境が激変し、沈着冷静なスタイルが崩れることもある。チーム打撃への意識やファンの期待に応えようと思うばかりに、はやる気持ちもあった。**「早く打ちたいなっていう気持ちがどんどんいいアットバット（打席）からかけ離れていくっていう状態だった」**と明かしたうえで、**「メンタルを言い訳にはしたくない。そこも技術だと思ってますし、そこを含めて自分がここまで結果が出ていない」**と吐露した。

連日、打席間にダグアウト裏やベンチ内で構えの修正を重ねた。打撃コーチや臨時通訳のウィル・アイアトン氏らと映像の確認を繰り返した。**「いろいろ、これやってみたらあれやってみたら、ここはこうなって、どうなってるっていうのを、調整法も含めて話しながらサポートはしてくれてるので。結果につなげられるかどうかが、コミュニケーションの1つとしても大事」**。自力はもちろん、周囲の助けも欠かせなかった。初本塁打の出迎えでは、仲良しの同僚テオスカー・ヘルナンデス外野手からヒマワリの種のシャワーを浴び、祝福された。**「ああやってやってもらって、グランド外のところでも、いろいろ皆からサポートしてもらって。選手もそうですし、スタッフの皆さんもそうですし、ほんとにありがたい」**。感謝の気持ちを、何度も口にした。

なかでも大きな手助けとなったのが、ロバーツ監督の言葉だった。**「監督とも今日話して、ほんとに自分らしくいればそれだけでいいっていう風に言ってもらえたので、気持ちが楽になりました」**。ドジャース1号はくしくも6年前、メジャー1号を記録した日付と同じ4月3日だった。それだけではない。周囲に助けられ、愛され、ようやく生まれた初本塁打は、エンゼルス1号とも重なった。

18年3月の春キャンプでは、オープン戦で大不振に陥った。それでも、チームリーダーのマイク・トラウト外野手ら同僚の主力選手にサポートされ、当時の同僚で22年限りで現役を引退した通算703本塁打の大打者アルバート・プホルス氏からは「自分らしくいればいい」と助言をもらった。当時のGMには「自信を持って」と励まされた。開幕前に苦しんでいた姿から一転、本拠地デビュー戦で初本塁打を放つと、そこから3連発。打者大谷の能力が一気に開花した。

メジャー7年目。経験を重ね、貫禄や風格も備わった。それでも、うまくいかないことはある。メジャーNo.1選手の地位を確立しても変わらないのは、全力で懸命に取り組む姿だ。記念すべき移籍1号。大歓声の中、ヒーローインタビューで言った。**「毎日毎日、これだけ多くのファンに入ってもらって、すごくやりがいというか、自分にエナジーをもらえると思うので、それをまず自分の力に変えて、今後も頑張りたい」**

華々しく、節目を飾った。そしてこれが、「50-50」への第1歩となった。

LA
Dodgers
17
LA

PICK UP GAME
004

松井秀喜氏の記録を超える日本人最多のメジャー通算176号

2024.4.21
メッツ戦
（ドジャー・スタジアム）
○10-0

打順	打撃成績
2番（DH）	3打数2安打 2打点1本塁打

空三振　右中本　投安
四球

究極の打者を目指す

日本人の歴史を塗り替えた本塁打を、大谷は見上げていた。4月21日、快晴のデーゲームで青空が広がるドジャー・スタジアム。3回1死一塁からハウザーの真ん中スライダーを捉えた。右翼へ高く舞い上がった白球を、歩きながら眺めていたが、その余韻に浸ったのは一瞬だった。記録は二の次。ダイヤモンドを一周しながら感じていたのは、チームの勝ちにつながる打撃に対しての充足感だった。「**まぁ、先制点だなと、その時は。あまりそういうこと（記録）は忘れていて、先制点取れて、いいバッティングだったなと**」

メジャー通算176号。ヤンキースなどで活躍した同じ左打者の松井秀喜氏を超える1発となった。09年、日本人初のワールドシリーズMVPで世界一に貢献した松井氏の姿を、当時15歳だった大谷はハイライト映像などで見ていたことを記憶している。左の強打者として、少年時代から憧れた存在でもある。「**最近になってどのくらい松井さんが実際に打っていたかを知ったので、初めからというわけではなかった。最近知ってからは目標にしてましたし、早く打ちたいなとは思っていました**」

大きなアーチを描く本塁打をイメージしながら、打者大谷は年々、進化を遂げてきた。2023年シーズンには、日本人初の本塁打王を獲得。満票でリーグMVPに輝いたのはMLB史上初だった。メジャー最高の称号を得ても、プレーヤーとして慢心することはない。目指す理想は、究極の打者だ。

「**ホームランだけを狙っているわけではないですし、バッティング自体は可能性を広げていく作業。四球、単打、二塁打、ホームランもあるし、ということだと思っているので。その可能性を広げる中で、ホームランがあるかないかで相手にかかるプレッシャーも違う。来るボール自体にも多少影響する。そういう意味では自分の長所でもあるので、大事にはしていきたい**」

本塁打の脅威があれば、相手バッテリーの攻めは必然的に厳しくなる。コースを突くボールが増える中で、基本とする好球必打ができれば、四球を選んで出塁できる可能性も高くなる。OPS（長打率と出塁率）は、強打者の指標の1つ。さらに高打率を維持できれば、打者として無双状態となる。

もっとも、メジャー挑戦から数年は本塁打を「**数多く打つタイプではない**」と言っていた。一方で、チームから長打力を求められ、21年には自己最多の46本塁打をマークした。その頃から、ホームラン打者のメンタリティがかいま見える言葉が並ぶようになった。

「基本的には、常に試合でもホームランになるスイングはしているので、状況に応じてカウントによっても、もちろん変えるんですけど、普段通りの打ち方をすれば、ホームランになるのかなとは思う」

結果的に逃したが、21年は本塁打王のタイトルをあえて狙いにいった。続く22年シーズンは本塁打と打率の両立を掲げていた。**「3割近く打てるようなイメージで行こうと思ってたので、その中でホームランがどれだけ出るのかが1つ、チャレンジではありました」**。毎年、課題を見つけては改善する。今やメジャー最高打者の1人として君臨するが、地道な作業を長年、繰り返し継続してきた結果でもある。

映像やデータによる動作解析の進歩で投打ともにスピードやパワーが向上し、野球そのものが時代とともに変わってきている。大谷はその潮流を上回る早さで先を読み、自己分析し、改善を試みてきた。日本人が、メジャーリーグでホームラン打者になれる。そこにも、意味がある。**「長打を持ち味にして打っていくスタイルというのは、サイズがないとなかなか難しいところがあるので、そういう意味では、バッティングの目標の幅自体が広がっていく」**。究極に到達するまで、打者大谷が可能性の扉を閉めることはない。

PICK UP GAME 005

191キロ自己最速アーチ 2度目の打者専念で進化

2024.4.23
ナショナルズ戦
(ナショナルズ・パーク)
○4-1

打順

2番(DH)

打撃成績

4打数1安打
1打点1本塁打

ニゴロ 中直 中飛 四球 右中本

新たな工夫で好調を維持

すさまじい打球音だった。米国の首都ワシントンD.C.のナショナルズ・パークで初めてプレーした大谷は、あいさつ代わりの衝撃弾を放った。9回無死、右腕バーンズの甘く入ったスプリットを強振した。打球速度118・7マイル(約191キロ)。メジャー7年目、これまでマークしてきた本塁打の中で最速となった。大谷自身が「**感覚的にも人生の中でトップクラス**」と振り返った当たりは弾丸ライナーで、球場の右翼上段2階席まで飛んでいった。

ライナー性の打球は一般的に飛距離は伸びないが、450フィート(約137メートル)を記録し、通算225本塁打の中でも21番目に大きなアーチとなった。ロバーツ監督は「トップスピンがかかったライナーだったのに、2階席まで届いた。あれができる選手はそう多くない」となり、あまりの超速アーチに同僚の若手外野手ジェーム

ズ・アウトマンは「巡航ミサイルのようだった」と表現した。

捉えるまでのスイング、確実性、打球の強さ、あらゆる点で大谷自身にも手応えがあった。「**打感というか、当たったなと。ポイントもそうですし、タイミング的にドンピシャだった**」。打撃に関して前向きなコメントは多いが、ここまで自画自賛する1発は極めて少ない。それほど完璧な当たりだった。

23年に本塁打王を獲得しても依然として打者のレベルは上がっている。大谷の言葉からすれば、それは小さな進歩の積み重ねでもある。「**段階は進んでいるとは思いますね。それは上に行けば行くほど、伸び率みたいなものは当然下がってくるとは思いますけど、細かい部分はちょっとずつ上がってくるもの。もちろん変える部分もありますけど、継続して取り組んで伸ばしていく部分もあるので、そこはどっちもかなと思います**」と実感する。

実は、打者大谷は〝ある工夫〟を行っていた。手術した右肘のリハビリを並行しているため、24年シーズンは打者専念。打撃に集中しやすいとの見方について、こう答えた。「**時間的に余裕があるのはもちろん、体調管理をしやすいのはその通りかと思いますけど、あんまり考える時間が長すぎるのもよくないかなと。基本的には練習時間とか、データを見る時間とかは例年と一緒にはしています**」。状態管理を含め、投打の準備で慌ただしかった前年までと比べると、そこに関する負担は少なくなった。

注目すべき点は「**あんまり考える時間が長すぎるのもよくない**」とのコメントだ。同じように右肘のリハビリで打者専念となった19年は〝考えすぎ〟で失敗していた。同年の打撃成績は打率2割8分6厘、18本塁打、62打点、OPS（出塁率＋長打率）は8割4分8厘。左膝の痛みを抱えていたとはいえ、物足りない結果に終わった。シーズン後、大谷はその原因を探っていた。

「**2つやる年と比べて、やっぱり打者として、いろいろ試したりとか、やってみたりとか。それが良い方向にいったり、悪い方向にいったりもありましたけど、やりすぎたっていうのもありました**」

つまり、打者としての予習復習を行う時間が多すぎたことで、好転しないこともあったということだ。それは、投打の二刀流ならではの感覚でもある。

「**（打者で）出続けると（打撃面で）余計なことをしたりというのが多くなってしまう。ちょっとずつそれに慣れてきちゃうとか、そういうのはあった**」

本来の姿は投打でプレーを続けること。そのために、両方の準備に時間を割く。21年シーズン以降から3年間は、投打ともに驚異的な結果を残し、メジャー最高峰の選手に成長。1度目の打者専念で得た経験と二刀流での成功を踏まえ、準備の時間配分は変えなかった。失敗は成功の元。2度目の打者専念では、とてつもない成績を残すことになった。

PICK UP GAME 006

大ブーイングを浴びながら母校の先輩から自己最速安打

2024.4.27
ブルージェイズ戦
（ロジャース・センター）
○4-2

打順
2番（DH）

打撃成績
5打数1安打1打点

ニゴロ　右安　空三振　二失　左飛

"宿敵"への大ブーイング

大谷の自己最速打球が、岩手・花巻東高校の先輩との対戦から生まれた。4月27日、当時ブルージェイズに所属していた菊池雄星投手と、メジャーで9度目の対決に臨んだ。同郷の先輩後輩として、毎回注目される中で、大谷は2回2死一、三塁の第2打席、強烈な右前適時打を放った。7年目で、自己最速の打球速度119・2マイル（約191・8キロ）。一、二塁間を超高速打球が抜けていった。

大谷が捉えた1球は、98・2マイル（約158キロ）の内角高め直球。この日投じた91球の中で最速のボールだった。同郷対決が互いのベストを引き出したと言っても過言ではないだろう。初対決となった19年6月8日、菊池のフォーシームの最速は94・1マイルだった。当時と比べると、今回は約4マイル（6・4キロ）も球速と力強さが増した。23年に初の2ケタ11勝を挙げ、一方での大谷は初のア・リーグ本塁打王のタイトルを獲得した。しのぎを削る同郷対決は、最高峰のメジャーリーグで進化を遂げるとともに、間違いなくレベルが上がってきている。

5年前の初対戦で、菊池から本塁打を放った時の大谷の言葉が印象深い。

「ホームランを打った打たないとか、抑えられた抑えられなかったというところではなくて、この舞台で対戦することができたということが、すごく大きいかなと思います」

特別な気持ちは変わらない。互いが最高峰の舞台で戦えることに、意味がある。

日本人の母と米国人の父を持ち、沖縄県で生まれたドジャースのロバーツ監督は試合前、大谷と菊池の対決についてうれしそうに語った。

「野球が世界的に注目を集めるのは素晴らしいと思う。（同じ高校だった）彼らが今メジャーリーグで戦っているのは、とても特別なこと」

この対決の前夜、戦いの場所カナダ・トロントは大観衆とともに熱狂に包まれていた。大谷の登場に、すさまじい大ブーイングが起こった。23年シーズンのオフ、エンゼルスからFAとなっていた大谷の争奪戦で、ブルージェイズは最終候補に残っていた。一時期は、移籍を決断してチャーター機でトロントに向かっているとの誤情報まで流れる大騒動となった。結局、大谷はド軍移籍を決断。トロントのファンからすれば"宿敵"だった。

ファンへのリスペクト

第1打席で「ブ～～」と叫ぶファンのブーイングが鳴りやまない中、大谷はいきなり右越えに本塁打を放った。完全アウェーの雰囲気だったが、むしろそれを楽しんでいるようだった。

「今日も満員に近いお客さんが入って、選手冥利《みょうり》に尽きるというか、多くのファンの前でやるのは、すごく自分的にはエキサイティングする」

満員3万9688人で埋まったスタジアム。第1打席だけでなく、全5打席、毎回ブーイングを浴びた。

「自分のチームを好きだからこそ、相手のそういう選手にブーイングすると思うので。そういう熱量はドジャースでもブルージェイズのファンでも、野球好きなんだなって。リスペクトを逆に感じるところ」

現地ファンの野球への愛情を逆に感じたことで、大谷の集中力がさらに増していた。

もっとも、ブルージェイズのユニホームを着ながら「ブーイングはしたくない。僕らはオオタニを見に来たんだ」と応援するファンもいた。**「単純にうれしいですね。別にブーイングも嫌ではないというか野球の一環ですし、気にしてもらえるだけ、選手にとってはいい」**と、大谷はすがすがしい表情で振り返った。

独特の雰囲気で包まれたトロントでの戦い。同郷対決も最高のパフォーマンスで終え、開幕から激動の1カ月を乗り切った。

Los Angeles

PICK UP GAME 007

〝あの贈り物〟で見えたロバーツ監督との信頼関係

ポルシェをプレゼント!?

　大谷が試合後の囲み取材で、こんなに笑ったことはあっただろうか。そう感じさせるほどの、和やかなムードだった。2点リードの3回無死、ブレーブス・エルダーから今季8号ソロをマーク。ドジャースではデーブ・ロバーツ監督を抜き、日本生まれの選手の球団最多本塁打記録となった。同監督は米国籍だが、沖縄県生まれ。〝監督超え〟の1発がチームの勝利につながり、大谷は試合後の囲み会見に登場した。

　いつも通り、冷静沈着な受け答えをしていると、周囲から聞き覚えのある大きな声が聞こえてきた。「Excuse me! Excuse me!」。声の主は、なんとロバーツ監督。大勢の報道陣で輪になった囲み取材に乱入し、「Congratulations!」と大谷を祝福した。だが、それだけで終わらない。同監督の手には、大谷がプレゼントしたというポルシェのミニカーがあった。

「これは私の車です」。同監督は、ニヤニヤしながら自慢げに言った。なぜ、ポルシェのミニカーだったのか。昨年オフ、大谷は背番号17を中継ぎ右腕のジョー・ケリー投手に譲ってもらった感謝を示し、本物のポルシェを贈った。今回は、ドジャースで日本生まれの本塁打記録で並んでいたロバーツ監督にも〝ポルシェ〟をプレゼント。だが、おもちゃだったという笑い話だ。同監督は囲み会見で続けた。「違いを言いましょう。ジョーの車は私の監督室には入りません。でも、この車は私の机に置くのにぴったりです」。声を上げながら笑い、再び「おめでとう」とねぎらって囲みから消えていった。

　大谷はミニカーをプレゼントした理由について問われるとニヤリ。

「車を欲しいって言っていたので、喜んでもらって良かったです。笑ってもらうのが一番なので、また何かあればやりたいなと思います」

　もともと、チームメートらとジョークを言い合い、からかい上手でも知られる。過酷な戦いとなる162試合のシーズンで、笑い合える空間が心地よくもある。本物の車はプレゼントするか、との質問には、数秒間を置いて言った。**「ワールドシリーズで勝てたら考えます」**。言霊か。この約半年後、大谷はチームをワールドシリーズ制覇に導いた。

潔く堂々とした指導者

　大谷とロバーツ監督の信頼関係は、ドジャース入団前から築かれていたようにも思える。エンゼルス時代、他球団の監督は大谷を語る際、「オオタニ」と呼ぶが、ロバーツ監督はいつも、「ショウヘイ」と呼んでいた。また、23年シーズンオフの移籍交渉では、候補球団の各監督が大谷と面会したことについて口を割らなかったが、ロバーツ監督だけは面会したことを明言。後に球

2024.5.4
ブレーブス戦
（ドジャー・スタジアム）
○11-2

打順
2番（DH）

打撃成績
5打数3安打
2打点1本塁打

空三振　右中本　左安
左飛　中安

団側で問題視されることもあったが、包み隠さず、堂々と正面からぶつかる姿が印象的だった。シーズン中も、その姿勢は変わらなかった。大谷が苦しんでいれば声をかけ、好プレーをすれば手放しで褒める。逆にミスをすれば、しっかり指摘する。一方で、気を使いすぎることなく、ジョークで思い切り笑い合う。春キャンプではロバーツ監督の豪快な笑い方と、大谷の独特の高笑いがシンクロし、その場が和むこともあった。

日本人最多の通算176号を放った4月21日、大谷はロバーツ監督に**「次はあなたを抜きます」**と笑顔で宣言したという。今季7号をマークした時には大谷が「並んだぞ」と伝えたことを、うれしそうに明かした。気兼ねなく自然に、コミュニケーションがとれる信頼関係がある。

4月初旬、開幕から40打席ノーアーチで苦しむ大谷を救ったのも指揮官の言葉だった。「Ｂｅ Ｙｏｕｒｓｅｌｆ（自分らしく）」。徐々に本領を発揮し、シーズンが進むにつれて驚異的な活躍ができたのも、ロバーツ監督の存在が大きかった。

PICK UP GAME
008

ボブルヘッドデー 始球式で捕手役を担当 野球少年にサプライズも

2024.5.16
レッズ戦
（ドジャー・スタジアム）
●2-7

打順
2番（DH）

打撃成績
2打数0安打1盗塁
四球 捕邪飛 空三振

子供たちの思い出を優先

子供たちの喜ぶ笑顔を見て、大谷はうれしそうだった。ドジャース移籍後で初のボブルヘッド（首振り人形）デーとなった5月16日、心臓疾患と戦ってきた野球少年アルバート・リー君（13）の始球式で捕手役を担当。試合前からドジャー・スタジアムは大勢のファンで埋まった。

グラブを持った大谷は、リー君のワンバウンド送球をしっかりキャッチした。大歓声と拍手に包まれ、記念のツーショット撮影で笑顔。試合には完敗し、「**できれば勝って（プレーする姿を）見せられれば良かったですけど、負けてしまったので。いい思い出にファーストピッチがなってくれればうれしい**」と穏やかな表情で振り返った。

ボブルヘッドデーでは、それぞれの選手の夫人や両親、子供ら家族が始球式を行うことも多い。今回の大谷にも、球団側から真美子夫人へ始球式の打診があったという。

「『奥さんどうですか』って言われてたんですけど、光栄なことですけど本人と話して、野球好きな子供だったり、あんまり見に来られない病院の子だっ

たり、そっちのほうが良いんじゃないかなっていう感じで決めました」

2人で相談したうえで、病と闘い、懸命に野球を続けている子供へ夢舞台を用意することを決めた。

13歳のリー君は生後13日で心臓を手術。腹部を含めて計4度の手術を乗り越え、リトルリーグでプレーしているという。

「難しい状況の中で、好きで（野球を）やってくれたらそれだけでうれしいですし。いい思い出になってくれたら、それで十分かなと思います」

始球式の前には、球団施設内でサプライズの面会を果たした。驚いた表情で、幸せそうな笑顔を見せていたリー君に英語で**「今日、来てくれてありがとう」**と伝えた。**「準備はいい？ 今日、君が始球式を投げるんだ」**と激励。さらに背番号「17」のユニホームにサインし、一生の記念になる最高のギフトを贈った。

大谷自身、野球少年の時にメジャーリーグで活躍していたイチロー氏（マリナーズ球団会長付特別補佐兼インストラクター）や松井秀喜氏に憧れ、夢を描いた。

「子供時代に、こういうことがあればもちろん、いい思い出になるかなと思いますし、第一にチームが好きで来てくれたので、それ自体に僕も感謝したい」と、野球観戦に足を運んでくれたことがまず、うれしかった。

一方で、かつて大谷は**「プレーする側としては、夢を与えようとか、元気を与えようみたいなことは考えていない」**と語ったこともある。その真意は、それぞれの気持ちを大切にしてもらいたい、と一貫した考えに基づくもの。夢を抱いてくれるなら、ありがたい。

「（夢を）与えるつもりはないというか、押し付けるものではないっていう。例えば元気が出た、頑張りたいなと思ったっていうのは、受け取った側がそう感じ取ってくれてるもの。そう思ってくれるのはうれしいことですし、一番は自分のやることをまずしっかりとやって、それで何か感じてくれたら、どんな人でもうれしいかなと思います」

この日の試合では無安打に終わったが、盗塁を決めてスピードでも魅了した。観客動員数は今季のドジャー・スタジアムで2位となる5万3527人。超満員の大歓声を振り返り、大谷は**「選手冥利に尽きるというか、本当に壮観で。プレーしてて素晴らしい瞬間だった」**と感激していた。チームの勝ちとパフォーマンスでは満足いく結果を届けられなかったかもしれない。だが、スーパースターらしく、明るい笑顔と立ち居振る舞いで野球少年たちの憧れの的となった。

PICK UP GAME

009

〝LAのシンボル〟記念日 本塁打でリーグ単独トップに

2024.5.17

レッズ戦

(ドジャー・スタジアム)

○7-3

打順

2番(DH)

打撃成績

4打数1安打
2打点1本塁打

一ゴロ　左本　空三振
一ゴロ

本拠地からの厚い信頼

「ショウヘイ・オオタニデー」の〝第1号〟を鮮やかに飾った。1点リードの3回1死一塁、右腕モンタスと対戦。アスレチックスなどに所属していた同投手とはメジャー1年目から対戦を重ね、通算29打数11安打の打率3割7分9厘、5本塁打、13打点と好相性だった。得意な相手との対戦では、甘いボールが来るのか……。内角狙いから真ん中の外寄りに入ってきた直球を逃さなかった。左越えの今季13号2ランをマーク。この時点で、本塁打数リーグ単独トップに立った。

三塁ベースを回り、両手をフリフリする「フレディ・ダンス」(長打を放った時にフリーマンが両手を上げて踊るダンスから派生したもの)を披露し、うれしそうにホームに返ってきた。出迎えてくれたベッツと満面の笑みでハイタッチ。祝福を受けたベンチ内でも大谷スマイルがはじけた。

ロサンゼルスを代表するスーパースターとして、多大な栄誉を与えられた記念日だった。市議会の決議で、毎年5月17日を市の「ショウヘイ・オオタニデー」に制定。この日の試合前、午前中に大谷はロサンゼルス市庁舎を訪れ、ロバーツ監督らチーム関係者も同席した。市議会の議長から「アメリカで最高のベースボール・プレーヤー、ショウヘイ・オオタニ」と紹介され、スーツ姿でスピーチを行った。

「ロサンゼルス市議会の皆さん、本日は本当にありがとうございます。今日、この日を迎えられたことが私自身、すごくうれしいですし、すごく特別な瞬間です。今日を迎えるにあたって、ドジャース、関係者の皆さま、ファンの皆さまに、心より感謝申し上げます」

その後、決議文が収められた表彰の盾を受け取った。市議会の議員からは「ジャッキー・ロビンソンから、フェルナンド・バレンズエラ、そしてショウヘイ・オオタニ。ドジャースは、ロサンゼルスの子供たち皆にとって将来の希望であることを、これからも忘れないでください。今日は来てくれてありがとう」とメッセージを送られ、「あなたは世界的なスーパースターというだけでなく、フィールド外でも人の助けになれる人」とたたえられた。

5月は「アジア・太平洋諸島系米国人の文化遺産継承月間」とされている。1843年5月7日、初めて日本人の移民が米国に到着したことが背景にあるという。歴代の米国大統領がアジア各国との絆を強化してきた月間。日本人はもちろん、韓国や台湾などのアジア諸国でも絶大な人気を誇る大谷は、ロサンゼルスとアジアをつなぐシンボルとしても影響力がある。背番号17を日付とし、ドジャースに在籍する2033年まで、5月17日はLAで「大谷翔平の日」となる。

昨年12月9日、北米スポーツ史上最高額の7億ドルで10年契約を交わし、今後のドジャース、そしてロサンゼルスを背負っていく存在となった。日々の野球のパフォーマンスで魅了するのはもちろん、インスタグラムで愛犬デコピンの様子を投稿したり、フィールド以外の交流も世界中から注目される。エンゼルスに所属していた時期からすでに、メジャーリーグを代表する野球界の顔となったが、歴史の長い伝統球団ドジャースに移籍したことで、注目度はさらに増した。

昨年12月14日の入団会見で大谷は言った。世界一を目指すにあたって**「一番大事なのは全員が勝ちに、同じ方向を向いているということが大事」**。全員が意味するのは、チームメート、首脳陣、球団組織、ファンも含まれる。そこに、〝ショウヘイ・オオタニデー〟を制定したロサンゼルス市も加わった。

PICK UP GAME
010

イチロー氏、松井稼頭央氏に次ぐ メジャー通算100盗塁を達成

2024.6.1
ロッキーズ戦
（ドジャー・スタジアム）
○4-1

打順
2番（DH）

打撃成績
3打数1安打1盗塁
左飛　四球　空三振
中安

走塁改革の成果

前人未到の「50-50」へ通過点の1つにすぎないが、大谷がメジャー通算100盗塁に到達した。3回の第2打席、1死から四球で出塁し、3番フリーマンの打席で初球、いきなりスタートを切った。二塁送球タイム1・90でリーグ4位の強肩捕手ディアス（当時ロッキーズ）との勝負となった。好スタートからトップスピードに乗り、悠々セーフ。5月中旬にけん制球のボールを左太もも裏に受け、打撲していたが、その影響を感じさせない力強い走りだった。

過去に通算100盗塁以上をマークしている日本人選手ではイチロー、松井稼頭央に次ぐ3人目。スピードに特徴があった両選手と比べ、大谷は重量のあるパワー型。それでも、メジャートップクラスの走塁技術を兼ね備え、その希少価値の高さを示した。

オフのトレーニングと春キャンプで取り組んできた走塁改革の成果が、数字にも表れていた。2月の春キャンプイン5日目、ブルワーズなどの監督を務めたロン・レネキーGM特別補佐から徹底指導を受けた。ダッシュや盗塁スタートの練習を繰り返し、走り方も改善。構えでは一塁と二塁の直線上ではなく、二塁方向へ少し体を開いた状態から、ダッシュする形に変更した。直線の全力疾走で体のブレも少なくなった。

レネキー氏は、16年から2年間、エンゼルスでもコーチを務めた。大谷と同じ取り組みで指導したマイク・トラウトは15年の11盗塁から翌年は30盗塁に急増。走塁改革の成果が出た。もっとも改善されたのは盗塁成功率。トラウトは15年に成功率61%と苦しんだが、81%まで上がった。大谷は21年に自己最多（当時）の26盗塁を決めたが、失敗数はリーグ最多の10度。成功率は72%だった。22年は11盗塁で、成功率は55%、昨年は20盗塁で77%の成功率だった。

24年シーズンの大谷は59盗塁を決め、成功率は93・6%と格段に上昇した。レネキー氏は2月の時点で「彼にはものすごいスピードがある。それをより効果的に使えるように。盗塁なら75~80%で成功する必要がある。試合の大事な場面で盗塁できれば、多くの勝利をもたらすことができる」と話していたが、大谷は目標の数値を大きく上回る結果を残した。

入念な事前準備も、盗塁成功率の大幅な改善につながった。大谷は出塁後、相手投手が交代となった場合、一塁や

二塁ベースからベンチに戻る姿が度々あった。メジャー100盗塁を決めた前日5月31日のロッキーズ戦でも、8回に四球で出塁後、投手交代の間にマッカロー一塁コーチとベンチへ走っていった。「監督が（戦略を）どう考えているかを確認したり、タブレットの映像で、相手がどういうけん制をするか、どんなモーションで投げるかを見ている」と同コーチは証言。数分でも一瞬の空いた時間を利用し、細部の確認作業を怠らなかった。

走り方やスタートなど、技術的な改善だけではない。ルーティンの「緻密さ」が、他選手との大きな差を生んだ。シーズン14個目の盗塁を決める前も、ロッキーズの右腕クワントリルの投球モーションが大きいことや、けん制球の際の癖が事前にインプットされていた。

大谷自身、盗塁を決めるには「**やっぱりスタートが全てじゃないかなと。走りだしたら、もう行くしかないですし、スタートを切るタイミングと勇気が一番。高い確率でいけると思った時にしっかりといければ、勝利に貢献できる確率が高くなると思うので、そこだけ集中していきたい**」と話す。シーズン前のオフやキャンプでの明確なトレーニング、そして日々の準備の積み重ねが、走る大谷の能力を開花させた。

PICK UP GAME
011

パワー勝負だけじゃない大谷とジャッジのスター対決

観客を魅了する東西ライバル対決

6月7~9日の戦いは、24年シーズンのワールドシリーズ前哨戦と称された。米国西海岸の大都市ロサンゼルスを拠点とする伝統球団ドジャースと、東海岸ニューヨークの名門ヤンキースとの3連戦。初戦、山本由伸投手の力投（7回2安打無失点）で幕を開け、3戦目は大谷とジャッジの対決で見せ場を作った。

23年にア・リーグ本塁打王を獲得した大谷と、22年にシーズン62本塁打で61年ぶりにリーグ新記録を樹立したジャッジが、両軍の主砲として大注目となった。互いにリスペクトするメジャー屈指のスター対決。大谷は3戦不発に終わった一方で、ジャッジは2戦3発をマークした。もっとも、ヤンキー・スタジアムで盛り上がりを見せたのは、両選手のパワー勝負だけではなかった。

〝大谷の快足〟vs〝ジャッジの強肩〟。目が離せない瞬間は、8回1死三塁の場面で訪れた。三塁走者は大谷。スミスが放ったやや浅めの右飛で、三塁走者の大谷が低い体勢から思い切ってスタートを切った。右翼手ジャッジは無駄のない動きからホームへ全力返球。ストライク送球なら際どいタイミングだったが、やや一塁側にそれたことで、間一髪セーフとなった。

MLB公式サイトのサラ・ラングス記者によると、ジャッジの送球は93・4マイル（約150㌔）だった。一方、大谷のスプリントスピードは毎秒29・4フィート（時速約32㌔）で、エリートレベルとされる毎秒30フィート（時速約33㌔）に迫るスピードだった。ジャッジは試合後、快足大谷との対決について「いやぁ、彼は速いよ。いいボールかつ、正確に投げなければいけない。走るのは分かっていたし、自分が95マイル（約154㌔）で投げられれば良かったけど。彼はスピードスターでもあり、素晴らしいアスリートだ」と、うれしそうに振り返った。

ワールドシリーズ前哨戦と称された3連戦で連日チケット完売となり、大谷は毎打席でブーイングを浴びた。スーパースターならではだが、因縁もある。日本ハムからメジャー挑戦を表明した17年オフ、大争奪戦の獲得レースで、ヤンキースは早々に脱落。大都市でのプレーを好まないとの不確定情報と臆測により、地元NYメディアなどから「臆病者」との見出しで痛烈に報じられた。さまざまな角度から注目を浴びるのも宿命。この3連戦ではジャッジが11打数7安打の打率6割3分6

2024.6.9
ヤンキース戦
（ヤンキー・スタジアム）
●4-6

打順
2番（DH）

打撃成績
4打数1安打
中飛 右直 左飛
左2

厘、3本塁打5打点と絶好調だったのに対し、大谷は13打数2安打の打率1割5分4厘で本塁打なしに終わった。

東と西の名門球団のスター選手として度々比較される2人は、互いの活躍に刺激を受けている。23年、投打の二刀流ながら7月中旬の時点で35本塁打を放ち、自らの金字塔に近づいていた大谷のパフォーマンスについて、ジャッジは「見ていて楽しい。8回を投げて、10奪三振をマークして、2発打ったり、とても印象的。今まで彼がやってきていること、そしてこれから何をしてくれるのか楽しみだ」と目を輝かせた。一方で大谷は「**光栄なことですし、そうやって世代のトップの選手、野球界のトップをけん引している選手に言ってもらえるというのは、素晴らしいことですし、励みにもなるんじゃないかなと。シンプルにうれしい**」と、ジャッジをトップ選手としながら、自身に対する称賛のコメントを喜んだ。

両軍の主砲対決が注目される中、チームの勝敗はドジャースが2勝1敗と勝ち越し。ロバーツ監督は「ベストを尽くし、幸いにも我々が勝ち越した。週末を通じて、いい雰囲気だった」と振り返った。大谷の足と強肩ジャッジの対決で幕を閉じてから約5カ月後、頂点を目指す両軍が最終決戦を迎えることになる。

PICK UP GAME 012

若き元同僚との真剣勝負 古巣相手に豪快弾で恩返し

古巣の好プレーを称賛

シーズンの公式戦では初めて大谷が、古巣エンゼルスと対戦した。本拠地ドジャー・スタジアムでの2連戦。5回の第3打席、左腕ムーアの直球を打ち砕き、完璧な一振りで中堅席の中段まで運んだ。

「打った瞬間に入るとは思ったので、先制点をしっかりいい形で取れた」

メジャー1年目から投打の二刀流を後押しされ、メジャー屈指の強打者としての地位を確立できたのも、エンゼルス時代の6年間があったから。その間に獲得したパワーやフィジカルの強さ、技術、相手バッテリーとの駆け引き。持てる力の全てを発揮した。

懐かしい面々との真剣勝負は、ベストフレンドの1人、左腕サンドバルとの対戦から始まった。互いに手の内を理解し、内角高めと外角低めスライダーのコンビネーションで攻められた。だが、大谷は誘いには乗らなかった。

「僕の打席は結構力んでる印象があった」。2打席連続、四球で出塁した。その言葉通り、腕の振りに無理が生じていたのか、サンドバルは大谷に四球を与えた直後、左肘の痛みに顔をゆがめ、緊急降板となった。

サンドバルは、23年のWBCで準決勝のメキシコ戦でも直接対決した盟友でもある。大谷がメジャー1年目の18年途中からエンゼルスに移籍し、19年から5年間、ともにシーズンを戦った。

クラブハウスではロッカーが隣で、ジョークを言い合い、仲むつまじい様子が度々見られた。チームを離れても、互いの活躍を祈っている。無念の降板となった同投手に対して大谷は**「最終的に、少し残念な結果になってしまったので。まず、あまりひどくないケガで、早く戻って来ることを願ってはいます」**と、状態を案じていた。

この試合では、本塁打だけでなく、24年シーズンを象徴する走る大谷も見せた。8回1死から二塁内野安打で出塁すると、2死となって二盗を試みた。

だが、昨年バッテリーを組んだ若手のローガン・オハピー捕手の強肩と、打撃面でアドバイスを送ったザック・ネト内野手の素早いタッチに阻まれ、タッチアウトとなった。

盗塁成功率は93・6％

年間でわずか4個の盗塁失敗のうち、1つはエンゼルス時代の若き元同僚たちの好プレーによるものだった。**「いいスローイングでしたし、ネトのいいタッチプレーもあった。個人的には正しいプロセスを踏んで盗塁にいってるところではあるので、セーフになるのが一番ですけど、あのプレーを完成させた向こうの選手2人も素晴らしかった」**と称賛した。一方のオハピーは大谷の足を警戒し、ベスト送球への準備をしていた。「自分がこれまで投げてきた中でも、いいスローイングだった。彼と戦えるというのはクールなことだね」と振り返った。技術面だけでなく、試合に入るまでの準備などメンタル面でも大谷が残したレガシーは受け継がれている。

思い入れもある元同僚との戦い。そのタイミングで打撃絶好調の時期が重なった。6月16日のロイヤルズ戦から6戦5発。**「最近は打つべくして打っているなとは思う。感覚的にはやっぱり4月、5月よりは全然いいんじゃないかなと思います」**と手応えを口にし、**「まず構えが安定してるのと、ストライクゾーンがしっかり把握できている。結果的にそれが甘い球をしっかりとヒッティングすることにつながってるのかなと思います」**と分析した。

開幕直後は苦しんだが、徐々に本領を発揮し、打率と本塁打でリーグトップに立った。78試合を終えた時点でチームは貯金16で首位を独走。**「大きく違ってくるのはやっぱり、後半戦からかな。まず、そこまでしっかりと自分たちの野球ができれば、そこから先はまた僕にとっては経験したことないところなので。そこも楽しみにしたい」**と、プレーオフでの戦いを見据えていた。

2024.6.21
エンゼルス戦
（ドジャー・スタジアム）
●2-3

打順

1番（DH）

打撃成績

2打数2安打
2打点1本塁打

四球 四球 右中本 投安

OHTANI
17

PICK UP GAME
013

夢がモチーフの新ユニフォームで3戦連発の特大弾をマーク

7試合連続打点

打者大谷の勢いはとどまるどころか、ますます加速した。

3回無死一塁の第2打席、右腕プリーサックの真ん中スライダーを捉えた。古巣エンゼルス戦で2戦連発。5月20日のロッキーズ戦から3戦連発の特大弾を右中間スタンドへたたきこんだ。

飛距離459フィート（約140メートル）、打球角度24度、打球速度115・5マイル（約186キロ）。「**打球速度的には素晴らしい打球だったと思う。いい角度で、いい眺めだった**」と珍しく自画自賛。確信歩きで自らの放ったアーチを眺め、完璧な1発に酔いしれた。

互いの本拠地が高速道路（フリーウエイ）でつながり、「フリーウエイ・シリーズ」と称される古巣エンゼルス戦。この日は、移籍後初の「シティー・コネクト」ユニホームを着用してプレーした。

21年シーズンからMLBが導入した企画で、各球団が本拠地とする市とナイキ社が共同で作成している。ドジャースの24年バージョンは、クリーム色を基調とし、カラフルな無数の小さな星が描かれている宇宙をイメージしたもの。コンセプトとして〝ドリーマーズ（夢を追う人々）の街・ロサンゼルス市〟を掲げ、夢の実現に突き進む大谷にぴったりだった。

約1カ月前には、市議会の制定で5月17日が「大谷翔平の日」と認定され、LAの星としても期待される。試合後のヒーローインタビューでは「**勝って、いいゲンがかつげるかなと思うので、次もしっかり勝ちたいと思います**」と、さわやかに言った。

古巣との2連戦の初戦は惜敗したが、2戦目は快勝。4打数1安打1打点でチームの勝利に貢献した大谷は、「**オフェンスも良かったですけど、何より（先発の）グラスノーが素晴らしいピッチングだったので、そこに尽きる**」と投手陣の踏ん張りをたたえた。

7試合連続打点はヤンキースなどで活躍した松井秀喜氏を抜き、日本人メジャーの新記録となった。シーズン47発ペースに到達し、開幕から自己ワースト40打席ノーアーチを帳消しにするどころか、自己最多を上回るペースにまで状態が上がってきた。

例年、絶好調のタイミングを迎える6月。大谷にしてみれば、「**シーズンに慣れてくるのもそうですし、いいところと悪いところ、いろいろ改善しながら、ちょうどそういう波が来やすいのかなと。これをしっかり最後まで、シーズンの後（ポストシーズン）を見据えてしっかりと継続できればいい**」と、好不調の波の1つとして捉えている。

安定感を継続するには

実際に過去6年間で、シーズン終盤まで好調を保てたことは、ほぼ経験がなかった。21年は驚異的なペースで本塁打を量産したが、8月以降に大失速。本塁打王のタイトルを逃すこととなった。22年は打撃に安定感があり、9月に自己最多の23試合連続出塁と18試合連続安打をマークしたが、ラスト22試合、89打席連続でノーアーチとなった。23年シーズンも本塁打を量産したが、9月4日の試合前フリー打撃で右脇腹を痛め、その後の試合を欠場することとなった。

たとえメジャートップクラスの成績を残したとしても、一過性のものでは意味がない。継続することに価値がある。振り返ると大谷は、2月のキャンプでこう言っていた。

「**バッティングは去年かなりいい感じはつかめていたので、基本的にはそれを継続するところと、微妙に変えるところかなと思う。何をすればいい状態を維持しやすいのかとか、調整法も含めて、何でこうなっているかを理解すれば、好調を維持したり、不調を早く脱したりすることがしやすいと思うので、そこは去年良かった**」

162試合のシーズンを通していかに状態を維持し、勝負の10月を迎えられるか。焦点はそこにあった。

2024.6.22
エンゼルス戦
（ドジャー・スタジアム）
◯7-2

打順

1番（DH）

打撃成績

4打数1安打
2打点1本塁打

右直 右中本 四球 ニゴロ ニゴロ

17
LOS ANGELES

PICK UP GAME 014

2戦連続先頭打者アーチ 球団新の10戦連続打点

最も価値のあるスイング

大谷は〝ブラスト弾〟で球団新記録となる10試合連続打点をマークした。プレーボール直後、右腕フェディーの失投を捉え、2試合連続となる25号先頭打者アーチ。カウント3-2から両手で力強く振り抜き、右中間席中段まで運んだ。

「シンプルにストライクを振るのが一番のポイント。そこさえできていれば、ある程度いいスイング、いい構えができている証拠だと思います」

一貫して心がける好球必打で甘い球を打ち砕いた。

直近の10戦で8本塁打とアーチを量産。この日はメジャー屈指のパワーと、スイングスピード、正確性をかみ合わせた1発だった。5月中旬からMLB公式のデータサイト「ベースボール・サバント」でバットスピードなどスイングデータが公開されるようになった。その中に「ブラスト率」があり、これは一定の速いスイングスピードで、どれだけ正確に捉えられるかを示す指標だ。MLB公式サイトの説明によると、「最も価値のあるスイング」とも定義される。

24年シーズンのデータでは、大谷のブラスト率は、打球に対する割合が25・3%でメジャー全体の4位。上位3人はトップがジャンカルロ・スタントンで27・6%、2位がアーロン・ジャッジで25・9%、3位がフアン・ソトの25・6%だった。いずれもヤンキースの上位打線を担ってきた3選手。大谷はナ・リーグでは「ブラスト率」が1位だった。また、1番打者で打席数が多いため、必然的にブラスト数はトップ。２２３度は断トツだった。

フェディーから放った25号先導打者アーチは、スイングスピードが76・5マイルで、捉えたボールの球速は90・9マイル（約１４６キロ）。一般的に、球速が速いボールに対してバットの芯で捉えた場合は、打球速度が出やすい。逆に、球速が遅いと出にくい傾向にある。90・9マイルの速球はメジャー平均以下だったが、大谷はスクエアアップ率１００%（どれだけバットの芯で捉えたかを意味する割合）で、１１３・９マイル（約１８３キロ）の打球速度をたたき出した。力強いスイングと、ボールを正確に捉える技術の高さが生み出した、超高質のアーチだった。

二刀流だからこその思考

それを可能にしているのは、大谷の投手マインドとも考えられる。本塁打を浴びたフェディーは「彼は盗塁もできる。後ろに控える好打者を踏まえれば、四球を出すと厳しい」と、ストライクを投げる意識があったことを明かした。

盗塁成功率の高い大谷を出塁させると、二盗される可能性が高い。そうなると無死二塁のチャンスを作られ、先制点につながりやすい。必然的に相手投手は、特に1番打者の第1打席では四球を避けたい心理が働く。

投打の二刀流でメジャーでも活躍してきた大谷からすれば、フルカウントからストライクを入れてくる確率が高いと準備するのは自然だ。

もちろん、メジャー7年間で得た経験も打者大谷の財産となっている。失敗を重ね、反省し、改善につなげる作業の繰り返し。

「毎年毎年、経験を重ねるごとに、自分の中でもバッターとしても成長できているので。そこがいい成績には結びついてる」と手応えがある。その蓄積が、メジャートップクラスの打者へと進化させている。

移籍1年目で、連続打点の球団新記録を打ち立てた。それでも、謙虚な姿勢は変わらない。

「ランナーがいる状況が多いですし、自分自身のアットバット（打席）をまず継続していくのを一番に考えているので、その結果、打点がついてきているのかなと思います」

個人記録より、チームのために。ブレない心で、球団史に名を刻んだ。

2024.6.26
ホワイトソックス戦
（ギャランティード・レート・フィールド）
○4-0

打順
1番（DH）

打撃成績
2打数1安打
1打点1本塁打

右中本 四球 三邪飛 四球

LA
17
ROJAS
11

オリンピックへの思い

WBC、ドジャースで世界一の次は……オリンピックで金メダル。大谷に夢が膨らむ。7月15日にオールスター戦の前日会見で、五輪への出場意欲が話題になった。

「出たい気持ちはもちろんありますね。国際大会は特別だと思うので、特にオリンピックは普段野球を見ない人たちも見る機会は当然増えてくる。野球界にとっても大事なことかなと。個人的にも出てみたいなっていう気持ちはあります」

大谷は率直に意欲を口にした。2028年、ドジャースが拠点を置くロサンゼルスで五輪が開催される。そのタイミングで、野球とソフトボールが公式競技として復活することが決まっている。一方で、オリンピック期間中の8月はMLBレギュラーシーズンのまっただ中。選手らの負担を考慮し、各球団の主力選手が出場可能かどうか、現時点では不透明な状況だ。

参戦意欲を示しているのは大谷だけではない。フィリーズのブライス・ハーパーは以前、「オリンピックに出場するのは夢。オリンピックほど世界的なイベントはない。オリンピックではさまざまなスポーツを見るよ。なぜならオリンピックだからね。3週間中断し、選手を参加させるのは、メジャーリーグが目指すべき大きな目標」と発言したことも話題となった。オールスターの前日会見で、ヤンキースのアーロン・ジャッジやファン・ソトらスター選手も参戦意欲を明言。23年のWBCと同様に、米国代表のドリームチームが結成されれば、各国が最強メンバーをそろえるはず。世界中の人々が注目する五輪で、グローバル化を目指すメジャーリーグの認知度もさらに高まる可能性がある。

2024年に初めて韓国でMLB開幕戦を行い、英国、メキシコでは近年、定期的に公式戦を行っている。25年には東京で開幕戦が開催され、同年はフランスの首都パリでも公式戦を計画していた。最終的に折り合いがつかなかったが、国際化の動きはますます激しくなっている。

大谷が意欲を示したことにも、大きな意味がある。既存の概念を打ち破り、野球界の発展に貢献してきた二刀流のスーパース

ターは、今やMLBだけでなく、野球の国際的な発展におけるアンバサダーの役割を担う。

23年12月、ドジャースと北米スポーツ史上最高額の10年契約を交わしたことで、世界的なニュースとなり、フランスの老舗サッカー雑誌『レキップ』の記者と編集者が、大谷の大特集を組むことを決定し、同誌の表紙を飾った。また、23年の第5回WBCで大谷は投打の二刀流で大活躍。チェコ共和国など野球では発展途上の欧州各国が注目するなど、世界的な認知度も高まった。

MLBのマンフレッド・コミッショナーは2月の時点で、連戦の負担や興行を考慮し、主力選手の派遣に後ろ向きな見方を示している。だが、大谷ら主力選手の参戦意欲を受け、妥協案なども含めて「この件に関して私は扉（可能性）を開けている」とコメントした。オリンピック開催期間はMLBのシーズンまっただ中だが、同コミッショナーは「（24年の夏季五輪が開催された）パリなら、おそらくベースボールスタジアムを作ることはなかっただろうが、（すでに球場がある）LAなら我々も話し合う必要はある」と語った。大谷を中心にスター選手たちが同調すれば、風向きが変わる可能性もある。

過去のケースを踏まえれば、野球界で多大な影響力を持つ大谷が、再びMLBを動かしてもおかしくない。21年のオールスター戦では、当時の出場ルールが度外視され、MLB史上初となる投打の二刀流でのプレーが実現した。ア・リーグがまだDH制を採用していた22年シーズンには、投手とDHを兼任し、降板後も打席に立てる「大谷ルール」が作られた。

年々、注目度が高まり、大谷自身も野球界の発展における役割を理解している。競技の枠を越え、スポーツの祭典として盛大に開催されるオリンピックなら、WBC以上に二刀流でのプレーが、より多くの人々の興味をひく。世界的に野球界を盛り上げるためにも、まずは再び投手で復活することが前提となる。

PICK UP GAME 015

MLBオールスター史上初 本塁打&勝利投手を達成

2024.7.16
オールスターゲーム
（グローブライフ・フィールド）
●3-5
（※ア軍が勝利）

打順	打撃成績
2番（DH）	2打数1安打 3打点1本塁打

四球　右中本　空三振

出場4度目で初本塁打

お祭りのオールスター戦では、大谷の笑顔がいつも以上に多く見られる。4度目の球宴で、ナ・リーグの「2番DH」で出場し、第2打席で右中間へ先制3ランをマークした。打った瞬間に本塁打の手応えがあり、確信歩きからダイヤモンドを回った。三塁ベース付近で両手をフリフリする「フレディ・ダンス」では、満面の笑みでやや大きめに手を横に振った。「**やっぱりゲームは楽しかったですし、そこで打てたことが一番、自分にとっては特別な瞬間でした**」。はしゃぎ、楽しみながら放った初のオールスター弾。いつもとは、ひと味違う感覚だった。

初出場となった21年のオールスター戦では投打の二刀流で出場し、勝利投手となった。MLB公式サイトのサラ・ラングス記者によると、球宴で勝利投手と本塁打を記録したのは史上初だという。チケット完売の3万9343人、満員で埋まったファンの期待に応える豪快弾。出場4年目、通算8打席目での初本塁打に「**なかなかある機会ではない試合で、1本を打ってみたいなって。自分の中で1つ、ホッとしたのはあります**」と振り返った。

球宴では、試合以外の楽しみもある。両リーグ、各球団の主力選手やスター選手が集結する。「**敵チームの選手たちとできるのは特別。ここに選ばれるような、レベルの高い選手たちと一緒にできるってことは特別**」。試合に入るまでの準備や、コミュニケーション1つにしても新しい発見がある。「**ハーパー選手は一緒にケージワーク（室内での打撃練習）したり、試合前にどういう練習してるのか見たりしてたので、すごく勉強になりました**」と、同じ左打者でフィリーズの主砲から打撃練習で時間を共有し、準備面で学んだことを明かした。

ナ・リーグは逆転負けを喫し、MVP獲得はならなかった。前夜祭のホームランダービー観戦や記念撮影、当日は試合前に真美子夫人とともに初めて家族でレッドカーペットショーに参加した。オールスター戦の2日間は毎年、慌ただしいが、年に1度の祭典を目いっぱい楽しんだ。試合後の会見では、チームへの思いも口にした。「**まずドジャースで勝つことを第一に考えてますし、今回選んでもらってすごく光栄だなって感じてるので、何回でもドジャースの代表としてここにまた来られるように、そういう野球をしたい**」。オールスター選手に選ばれるにはまず前提として、シーズン前半で主力としてチームをけん引する必要がある。その意味を胸に、継続的な活躍を誓った。

NATIONAL
LEAGUE

PICK UP GAME 016

本拠地で光り輝くサンショット 日米通算250号の偉業

2024.7.25
ジャイアンツ戦
（ドジャー・スタジアム）
○6-4

打順
1番（DH）

打撃成績
4打数2安打
1打点1本塁打

四球 投ゴロ 左2 中飛 右本

レジェンドとの初共演

ドジャースの伝説は受け継がれる。大谷が、日米通算250号の節目を飾った。メジャーで202本、日本では48本。投手でありながら、ホームランバッターとしてコツコツと積み上げた数字だ。

8回1死、アンダースローの右腕ロジャースの浮き上がるスライダーにバットの軌道を合わせ、高々と打ち上げた。右翼ポール際への31号は、過去の本塁打で最高タイの角度46度で舞い上がった。この日はデーゲームだったため、〝ムーン（月）ショット〟ならぬ〝サン（太陽）ショット〟。強い日差しと打球が重なり、しばらく打球の行方を見上げていた。

節目の本塁打でも、個人記録が二の次なのは変わらない。試合後、テレビ局のインタビューで「**（日米通算250号は）知らなかった。もっと打てるように継続していきたい。（打球が）高かったので、切れなければいいなと思っていて、切れなくて良かったです**」と淡々と振り返った。直前の打者9番アーメドの勝ち越し弾に続く2者連続アーチで、「**その前に大きい本塁打が出て、甘い球をしっかり打てればいいかなと思って打席にはいきました**」とコメント。狙い通りに初球、真ん中から内側に甘く入ってきたスライダーをフルスイングで捉えた。

レジェンドと〝初共演〟のメモリアル弾。この日は、左肩手術から9カ月ぶりにクレイトン・カーショー投手(36)が復帰した一戦だった。終盤で勝ち越し、大谷の1発で追加点を奪い、チームの勝利を届けた。

ドジャースの公式インスタグラムは、大谷とカーショーの2人がハイタッチする様子を投稿。試合後、ユニホーム姿の大谷を、登板を終えたカーショーが右手を上げて出迎えていた。

スター選手同士の2人が、これまで交わることはほとんどなかった。17年のオフ、ポスティングシステム（入札制度）でメジャー挑戦を表明した大谷は最終候補に残っていたドジャースと面談。その時、カーショーも交渉に参加した。結果的にDH制があったア・リーグのエンゼルスに入団。それ以降、わだかまりもあったのか、カーショーが大谷について深く語ることはなかった。

ともに楽しんだ球宴

年月が過ぎ、22年のオールスター戦で2人の対決が実現した。ドジャー・スタジアムでの球宴は、ナ・リーグ先発のカーショーとア・リーグの1番打者大谷の初対決で沸いた。プレーボール直前、インタビュアーから打席での意識を問われた大谷は「**ファーストピッチ、フルスイング**」と笑顔で宣言。その言葉通りに、外角にやや外れた直球を打ちにいき、バットを折られながらも中前安打をマークした。

ショータイムはこれで終わらなかった。直後、カーショーは絶妙なけん制球で一塁走者大谷からアウトを奪った。両者ともに満面の笑み。この場面を大谷は「**機会があれば走りたいなと思ってたんですけど、いい経験でした**」と笑顔で振り返った。打席に入る前にはヘルメットのつばをつかみ、会釈した。「**リスペクトしてますって、自分なりの表現**」と意図を明かした。

あれからちょうど2年。2人が初めて同じユニホームで臨んだ一戦でそれぞれの節目が重なった。

同僚として互いをリスペクトし、ワールドシリーズ制覇へ向けて同じ目標に向かった。世界一を達成した10月30日、ともに感謝の気持ちを伝え、抱き合った。「250」の数字にさほど特別な思いはない。

「**悪い打席もやっぱりあるので、結果が悪いなりにいい打席にできれば、もっといい打撃ができてくるんじゃないかとは思います**」

ドジャース一筋17年のカーショーから、移籍1年目の大谷へ。常勝軍団のレガシーは次世代へ継承される。

Dodgers
17

PICK UP GAME 017

同僚の戦列復帰に捧げた勝利を呼び込む1発

2024.8.5
フィリーズ戦
（ドジャー・スタジアム）
○5-3

打順

1番（DH）

打撃成績

3打数2安打
2打点1本塁打1盗塁

三邪飛　右犠飛　右2　中本

チーム一丸での戦い

家族とともに戦う同僚の復帰戦に、大谷が花を添えた。1点リードの8回、左腕バンクスの真ん中チェンジアップを捉え、左中間スタンドへ運んだ。打球の行方を見るのに夢中で、一塁ベースを踏んだかどうか、確信がなかった。一、二塁間でいったん引き返し、ベースを踏み直してダイヤモンドを一周。終盤の貴重な追加点でチームの勝利に貢献し、試合後のヒーローインタビューで**「終盤なので、1点でも多く取ったほうがもちろんいいですし、そういう意味ではいいホームランになった」**とすがすがしい表情でコメントした。

ホームを踏むと、すかさず3番フレディ・フリーマン内野手（35）の元へと歩み寄った。相手投手の情報共有で耳打ち。当たり前のルーティンではあるが、勝つためにスキを見せなかった。**「フレディが帰ってきた1試合目で勝てたのもチームとして、すごく大き**

い」。この日はフリーマンが、ギラン・バレー症候群を患っていた三男マックス君（3）の看病から9試合ぶりに復帰した一戦だった。

たとえ故障箇所があっても試合に出続ける鉄人が、チームを離れたのは7月26日のことだった。敵地ヒューストンでのアストロズ戦。試合前のルーティンワークを終えた後、急きょロサンゼルスへ戻った。マックス君の容態が悪化していた。現状の説明で会見を開いたフリーマンはうつむき、涙ながらに声を震わせ「彼は快方に向かってよくやっている」と明かした。「（夫人の）チェルシーと僕にとって、長い1週間だった」と語ると、再び涙をこらえながら沈黙。「3歳の子供が経験するべきことじゃない。チェルシーと僕が、何度彼に代わってあげたいと思ったことか」。幼い子供が病と闘う辛さを思うと、感情がこみ上げた。

幸い快方に向かったが、予断を許さない状況だった。「彼はチューブとつながれ、呼吸器をつけていた。子供のいる方々はわかるとは思うけど、子供たちが呼吸器をつけて戦っている姿を見るのは、とても辛かった」。病院のベッドで寄り添い、看病を続け、回復を待った。

「子供病院の医療スタッフには感謝しきれない。僕は（病院に）9日間いたが、ミラクルのように感じた。本当に」

苦難続きだった時期に、周囲の支えが励みになった。同僚、ロバーツ監督やコーチ陣、チームスタッフらが「#MAXSTRONG」とプリントされたTシャツを着用して全体練習を行った。古巣ブレーブス時代の元同僚からも激励のメッセージが届いたという。

「彼らがくれたサポートや愛は、僕らに望みを与えてくれた。野球界のコミュニティー、そして全ての人のサポートに感謝してもし切れない」と涙ながらに語った。9戦ぶりの復帰に、第1打席ではスタンディングオベーションで迎えられ、ファンの声援も力になった。

逆境に負けないフリーマンを励まし、一丸で勝利をささげる――。その気持ちを、大谷が全力プレーで体現した。2回の第2打席で同点犠飛を放ち、5回には強烈な右翼線二塁打から今季32個目の盗塁となる三盗もマーク。「**本当にみんなが応援していたと思いますし、これからもっと（マックス君は）リハビリもあると思うので。ああいう歓声は、見ているほうも素晴らしいなと思う瞬間だった**」と、しみじみと語った。

着実に本塁打と盗塁を重ね、史上6人目の「40本塁打&40盗塁」が見えてきた。打席中に走者の盗塁を好まない選手もいる中で、フリーマンは大谷の盗塁を全面的に支持。それが、前人未到の記録につながったとも言える。

「**高い確率でいけると思った時にしっかりといければ、勝利に貢献的できる確率が高くなる**」。勝つことが何より。辛い時間を乗り越えてきた同僚の思いを胸に、鮮やかな逆転勝ちに貢献した。

PICK UP GAME
018

復帰ベッツとアベック弾 打順変更で誕生した 最強1、2番コンビ

2024.8.12
ブリュワーズ戦
（アメリカンファミリー・フィールド）
○5-2

打順
1番（DH）

打撃成績
3打数1安打
2打点1本塁打1盗塁

中直　ニゴロ　左中本
四球

ドジャース野球の底力

新たな形で最強の1、2番コンビが誕生した。主力選手が徐々に復帰し、この日は左手の骨折で離脱していたムーキー・ベッツ内野手（31）が強力打線に戻ってきた。

攻撃のバリエーションに厚みが増した象徴的な場面は2点リードの7回2死。左打者対策で登板した左腕ハドソンから1番大谷が四球を奪った。2番打者ベッツの打席の2球目に走った。二盗成功で2死二塁とし、得点圏に進んだ。ベッツは粘りながらも8球目、コンパクトな右打ちで右前にクリーンヒットを放った。大谷が生還し、防御率1点台だった左腕から1安打で1点。終盤でリードを広げる貴重な追加点を、2死から2人で奪った。

本塁打など長打だけではない。走力を絡め、進塁打で得点を奪うドジャース野球が、ロバーツ監督の求める形だった。大谷は試合後、「**1番を打っているので、今日みたいな終盤の四球も大きいですし、盗塁でスコアリングポジションに進むこともすごく大きい仕事だと思います**」と胸を張った。もっとも、開幕から不動の1番だったベッツは、2番起用に変更。離脱期間に大谷が絶好調でトップバッターとして機能していたため、新打順でコンビを組む

こととなった。

すると、長打とスピードが絡み合った理想的な攻撃が生まれた。ベッツが3回に先制2ランを放つと、大谷も5回無死から36号2ランでアベック弾をマークした。ベッツは8回の適時打後に盗塁も決め、2人で2本塁打5打点、2盗塁。この日の全得点に絡んだ。大谷は「**ムーキーも帰ってきて、初めての試合でしっかり勝てたのはチームにとって、大きいんじゃないかなと思います**」と手応えを口にし、「**本当にいるだけで脅威になるというか、相手も嫌だと思いますし、今日は本人も打って、選手としての素晴らしさを証明したと思います。本当にチームとして、いるかいないかでだいぶ違うのかなと。それぐらい大きな存在**」と、声を弾ませた。

ベッツは復帰直前、ロバーツ監督から電話で意図を伝えられ、打順変更を受け入れた。試合後のインタビューでは「すごく楽しかった。野球がプレーできるのは、ただただ楽しいし、ここにいられてうれしい」と喜びを表現。本塁打と適時打で打線をけん引したことに「自分の仕事をするだけ。今日は間違いなくドジャースらしい野球だった」とうなずいた。春キャンプでは二塁手からスタートし、3月上旬に遊撃手へコンバート。開幕から「1番遊撃」を担ったが、復帰後は本職の右翼へ回り、打順も2番に変更。全て受け入れたベッツの献身的な姿勢が、チームの結束力を高めたと言っても過言ではない。

そして、大谷も思う存分、自分らしさを発揮した。ベッツだけでなく、上位から下位まで強打者がそろう。この日の本塁打は、だからこそ生まれた積極的アーチでもあった。カウント3ボール、ノーストライクからの1発はメジャー7年目で初。「**相手からしたらその後、ムーキーもフレディもテオ（ヘルナンデス）もいるし、まだまだケアしなきゃいけないバッターがたくさん後ろに控えているので。甘く来たらいくぞという姿勢を、いつもどのカウントもそういう姿勢だけは崩さないように**」との意識があったことで、フルスイングにつながった。

チームは左腕カーショーが左肩の手術から復帰後、4戦目で初勝利。ベッツの復帰戦で投打がかみ合った。大谷は「**主力が抜けて、帰ってきて。より厚みが増したのも強いチームかなと思いますし、逆に主力がいない時にしっかり、ある程度踏ん張れたのもチームの地力かなと。他のメンバーも信頼してますし、どの選手が入ってもいい作用が、お互いに生まれればいい**」と、ドジャースの底力をたたえた。

不調でも新たな歴史を築く メジャー全制覇30球団アーチ

2024.8.17
カージナルス戦
（ブッシュ・スタジアム）
●2-5

打順

1番（DH）

打撃成績

3打数1安打
1打点1本塁打2盗塁

四球 暴振逃 右中本
左飛

チームの勝利が最優先

メジャーリーグ史上初や球団初、日本人初など、さまざまな歴史を生んできた大谷が、また記録を作った。5回、右腕パランテのナックルカーブを捉え、右越えに高速打球を飛ばした。打球速度111・9マイル（約180キロ）で、角度21度の低弾道アーチ。昨年のWBCイタリア代表で、準々決勝で対戦した経験がある右腕を攻略した。フォロースルーは右手1本。片手となっても、打球は高速ライナーで右翼フェンスを越えた。

エンゼルス時代に24球団から本塁打を放ち、ドジャース移籍後の24年シーズンは古巣を含めて6球団からアーチをかけた。日本人選手では初のメジャー30球団制覇。「**リーグが変わってるので、そういう意味ではやるチームの、均一が取れてきてはいる。どういうチームからでも打てるのはいいことですし、どういうピッチャーが来ても、良い打席、良いクオリティーの打席を送れればいいのかなと思います**」。試合には敗れ、淡々と振り返った。

この時期、大谷は本調子ではなかった。8月1日に3割8厘あった打率は、2割9分まで落ち込んだ。「**100%、自分の動きというか、技術的な部分かなと**」。紙一重で、思い描く打球にならない。「**動きにラグが多いなと。打ったと思っているボールがちょっとのズレでコンタクトできていない。いい打球になっていないのは多少、（状態が）悪い時は多い**」と自己分析した。さらに、「**攻め方自体が大きくこう変わってるわけでもない。基本的に、どんな球種でもストライクに来たボールっていうのは打てるとは思っているので。やっぱり自分が打ったと思って空振りしたとか、ファウルになってるっていう状態があまり良くない**」と、現状の感覚を明かした。

大谷は打撃面では一貫して、構えた時の感覚を重視する。その段階で、打てそうな雰囲気を感じ取れるほどだ。だが、8月の時点では違和感があった。「**構えてる段階で、いい未来があんまり見えてない感じではあるので。それをアプローチや、いろんなところで補うのもまた技術ですし、自分の状態をしっかり上げていく、それもまた技術かなとは思います**」。

この日の36号本塁打は強く捉えた当たりが、弾丸ライナーでフェンスを越えた。それでも「**結果的に本塁打になってくれてよかった半面、他の打席ももうちょっといいクオリティーの打席にしたいと思ってます**」と、改善の余地があることを口にした。長丁場のシーズンで、好不調の波はある。「**いい打**

球を打っても、結果的にアウトになる打席がちょっと今月は多かった。いい打席がいい結果になるかならないかで、それが本当に正しい技術なのかどうか、確認がしづらい。多少（調子を）戻しづらくなってる要因もあるのかなと思います」と明かした。

一方で、不思議な現象も起きていた。8月前半は打率1割台も、本塁打と盗塁数は着実に増えていた。2日から17日までの15試合で6本塁打、9盗塁。この日も一気に2盗塁を積み上げた。盗塁についての意識は「**自信のある時しか逆に行ってないので。自分が行ける、高い確率でセーフになる時にはもちろん行ってるので。後ろにいいバッターが多いですし、そこまで無理する必要はない**」。打点を稼げる強打者が後続に控える安心感がある。プレッシャーを感じることなく、盗塁スタートが切れるのは、チームメートに対する信頼感があるからこそだった。

本調子でないとはいえ、史上6人目の「40－40」を一気に視界に捉えた。それでも「**もちろん増えていけばいいなとは思いますけど。いい段階で勝ちを積み上げていって、なるべく（首位チームとして）余裕のある状態で9月に入れるのがベスト。今はそれのほうが大事かなと思います**」。チームの勝利を最優先とする姿勢は不変だった。

PICK UP GAME
020

自身初のサヨナラ弾で「40-40」達成

2024.8.23
レイズ戦
（ドジャー・スタジアム）
○7-3

打順	打撃成績
1番（DH）	5打数2安打 4打点1本塁打1盗塁

一直　遊安　遊ゴロ
二ゴロ　中本

史上6人目の偉業

これ以上ない形で、大谷は劇的に「40-40」を達成した。3-3の9回2死満塁。左腕ポーシェのスライダーを捉えた打球が、中堅右のフェンスをギリギリで越えた。本拠地に集まった4万5556人のファンは立ち上がって大熱狂。地鳴りのような大歓声とはしゃぎようで、ドジャー・スタジアムは揺れていた。

ホームベースで出迎える仲間たちの歓喜の輪に飛び込み、顔をくしゃくしゃにして何度も笑った。鳴り止まないスタンディングオベーションに拳を掲げ、ファンの祝福に応えた。試合後のヒーローインタビューでは「**いやもう、本当にうれしかったですね。何より、もう1試合1試合、大事なので。勝てたのがうれしかった**」と興奮気味にコメント。背後からウォーターシャワーを浴び「**うぉーっ**」と絶叫した。自身初のサヨナラ弾がグランドスラム。野球の神様が用意したとも思えるシナリオとなった。

クライマックスで劇的に試合を決め、史上6人目の大記録に到達。「**最後に打てて、ドジャースに来てから一番の思い出になってると思います**」と喜びを目いっぱい表現した。もっとも、劇的すぎる結末は自分でも想像以上だった。試合前の時点で39本塁打、39盗塁でダブルリーチをかけていた。4回に40盗塁を決め、導かれるように最後にチャンスが巡ってきた。だが、9回2死満塁で回ってきた打席で、本塁打を思い描く「**そんな余裕はなかった。安打でも四球でもいい、そういう気持ちでいきました**」。無我夢中で走りながら、打球の行方を見ていた。

打者に専念した24年シーズン、盗塁増を掲げ、持ち味の長打力にも磨きがかかっていた。それが、「40-40」につながった。打撃フォームの見た目でこれまでとは違う変化があった。特に本塁打をマークした時、前足（右）のつま先が上がった状態で体を回転することが増えた。ベイツ打撃コーチによると「**どんな風にスイングするかにもよるが、臀部《でんぶ》が速く回転し、そのスピードが速くなれば、トルク（捻転による負荷）がかかり、つま先が上がる**」という。

実はこの形は、ア・リーグのシーズン最多本塁打記録（62本）を誇るヤンキースのアーロン・ジャッジ外野手と酷似している。右打者と左打者で異なるが、ベイツ打撃コーチは「ショウヘイは（体の）前側の回転が速くなったと思う。ヒップの回転が速くなれば（力が）爆発的になる。後ろ側も大事。ジャッジは後ろ側が強い。この2人はヒップがとても強いから、体重を残して長く（ボールを）見られる」と分析した。

一気に力を爆発させる瞬発力。盗塁

スタートにも必要な要素だ。大谷の場合、長打と走ることがリンクし、大記録につながったとも考えられる。史上6人目、出場126試合では史上最速の達成に**「何本ぐらいかなとは知っていましたけど、それが目的にならない。勝つための手段として、盗塁もそうですけど、しっかりやりたい」**と、さらなる意欲を燃やした。過去6年間はチームの結果に結びつかないこともあったが、ドジャースでは自らのパフォーマンスが勝ちに直結する。**「チームスポーツなので。みんなが、自分自身のやる役割を本当に1人ひとりが重ねていく。今日も最後打ちましたけど、そこまでのチャンスを作ってくれる作業が必要なので。そういう人たちのおかげで、今日打てたのは自信になりますし、自分の役割をまずしっかりやりたい」**。謙虚なコメントを繰り返した。

新天地で大注目を浴びながら、驚異的なパフォーマンスで世界一奪回を目指してきたチームを引っ張った。それも、右肘のリハビリと並行しながらであったことを忘れてはならない。個人記録よりも、チーム最優先。ヒーローインタビューで、次なる目標は**「ポストシーズンに進出して、ワールドシリーズに勝つのが一番」**と力強く宣言した。

PICK UP GAME
021

偉業翌日に初ブルペン 鉄人的2戦連続アーチ

2024.8.24
レイズ戦
(ドジャー・スタジアム)
●8-9

打順

1番(DH)

打撃成績

4打数2安打
2打点1本塁打

右安 打妨 中本 左飛 右飛

投手のリハビリを並行

「40-40」達成から一夜明け、大谷がまた打った。5回1死一塁、右腕ブラッドリーのスプリットにタイミングを外された。食らいつき、右手1本のフォロースルーになった。角度32度の打球は右翼ポール際へ。ファウルにならず、フェアゾーンでスタンドに入った。右手人さし指を掲げ、ダイヤモンドを一周。一時は逆転となる2戦連発の41号2ランを放ち、前人未到の「50-50」へ、前夜の勢いそのままに駆けだした。

シーズン終盤にさしかかる8月末。蓄積疲労も感じさせない。むしろ、エンジンがかかってきたかのように、大谷は躍動した。4回の第2打席では捕手の打撃妨害から出塁。続く2番ベッツの二塁打で、快足を飛ばして一気にホームに生還した。

「ドジャースに来てからいろんな人と話して、積極的に次を狙っていく姿勢をまず作りたいなと思ってましたし、しっかり自分の足を生かしていく方法をいろいろ探しながら、コーチたちと話して、コミュニケーションを取るっていうのが一番」

大事なことは、チームが目指す野球に溶け込むこと。戦いを重ねていくにつれ、ドジャース野球と大谷が絡み合うようになった。

直近2試合で6打点稼ぎ、リーグトップタイに並んだ。本塁打と打点で打撃2冠とし、本拠地ドジャー・スタジアムに大谷の各打席でMVPコールが響き始めた。

この時期にペースが上がってきたのは、それだけではない。試合前、右肘の故障後では初となるブルペン入りで調整を行った。立った状態の捕手に対して10球、力強いボールを投げ込んだ。これまでは1日~2日おきの投球プログラムだったが、今週から初めて2日連続のキャッチボールを行い、大きくステップアップ。劇的なサヨナラ満塁弾で「40-40」を達成した翌日にブルペン入りし、試合では再び打って走って大活躍。底なしの体力とも思えるが、もともと投手と打者を交互に行う二刀流の大谷にとっては、自然なバイオリズムでもある。

とはいえ、右肘のリハビリを行っている〝投手〟が打撃2冠、さらに本塁打と盗塁で前人未到のパフォーマンスを見せていることを考慮すると、規格外であることは間違いない。

注目が薄くなりがちだが、大谷は25年シーズンでの二刀流復活に向け、3月末から投球プログラムを再開。徐々にキャッチボールの距離を広げ、地道に進めてきた。前半戦を終え、オールスター戦の前日会見で、大谷はリハビ

リと並行しながらの出場に関して、少し自分を褒めた。

「シーズンの成績はある程度良かったなとは思うんですけど、僕の中ではリハビリをしっかり順調に来て、試合にまずこれだけしっかりと出られたことがまず一番良かった」

故障離脱することなく、リハビリも後退することなく、鉄人のごとく出場を続けた。

打者でプレーしながら、投手のリハビリを並行して進めていくのは19年以来2度目。**「ある程度のプロセスは理解しているので、前回よりスムーズにいくんじゃないかなと思います」**と前向きだが、2度目の手術からのカムバックは1度目よりも困難とも言われる。

「リハビリの過程は楽しいことばかりではないですし、進むところもあれば後退するところももちろんあるので、そこをなるべく、試合に引きずらないように気持ちを切り替えて。バッターで出る時はそこに集中するように、というのを心がけてはいます」

その言葉通り、打者大谷はメジャー7年目でこれまで以上に覚醒した。常勝球団ドジャースで、いかにチームの勝ちに貢献するかを考え抜いた結果でもある。「40-40」も「50-50」も、その数字は優勝を目指す過程の中にある。

PICK UP GAME
022

秘密の特訓→大成功 愛犬デコピンの始球式 先頭打者アーチで祝う

2024.8.28
オリオールズ戦
（ドジャー・スタジアム）
○6-4

打順

2番（DH）

打撃成績

4打数2安打
1打点1本塁打2盗塁
右中本　右安　一ゴロ
見三振

いつもと違った緊張感

　試合直前に、こんなに笑っていられる瞬間があったっていい。大谷はかつてないほどの満面の笑みでホームに座っていた。愛犬デコピンを抱える大谷のボブルヘッド（首振り人形）デーに、スタジアムの会場と同時に何万ものファンが集まった。選手の家族らが行う始球式は誰か……。すると、大谷がデコピンを抱っこしてベンチから登場。大観衆と拍手でデコピンがマウンドに上がった。

　捕手役は大谷。待てのサインか、訓練したことを再確認しながら本塁で待ち構えた。プレート前に置かれたボールを指さすと、デコピンがくわえ、本塁へ向かって駆けだした。ボールをしっかり運び、大谷の元へ〝ストライク投球〟。ハイタッチし、ご褒美のお菓子タイムで、ほほ笑ましいひとときを終えた。「**ファーストピッチは、だいぶ僕が緊張してたんですけど。なんとかきれいに決めてくれて良かったなと思います。素晴らしかったです。何かいいおやつを買ってやりたいなと**」

　打席では緊張しない大谷が、デコピンを思うとソワソワ緊張した。それもそのはず、秘密の特訓は2〜3週間に及んだ。「**1回ここ（ドジャー・スタジアム）にも来て予習をしましたし、遊**

びながらやってました。訓練というか、投げて取ってくるの延長でみたいな感じでした」

野球で挑戦を続けてきた男が、愛犬の始球式でチャレンジ。**「やってみようかみたいな感じで、できるんじゃないのみたいな。失敗してもそれはそれでいいのかなっていう感じでやりました。良かったです。ホッとしました」**と胸をなで下ろした。

8月中旬、MLBの企画「プレーヤーズ・ウイークエンド」でデコピンが描かれた特注スパイクを着用した。それ以降も履き続け、足元から支えてもらった。大谷にとって、デコピンの存在は**「家族ですね。スパイクに関してはゲン担ぎというか、いい流れが続いてるので、そんな感じで使ってます」**。23年シーズンのMVP発表時から突然登場し、話題をさらった。今や、MLBの公式SNSでも度々登場する人気者だ。

この日はチケット完売、満員の5万3290人のファンが集まった。開場の数時間前から大行列ができる事態に大谷も**「来た時にちょっとビックリした。何か違うイベントがあるのかなと」**と驚きを隠せなかった。**「選手冥利に尽きるというか、それは（大勢のファンが）入ってくれただけ、選手はやる気が出るんじゃないかなと思います」**。大舞台になればなるほど、アドレナリンが出て集中力が増すタイプでもある。大声援の後押しは、何より心強かった。

すると第1打席、いきなり満員の大観衆を魅了した。21年にナ・リーグのサイ・ヤング賞を獲得した好投手バーンズのスライダーを捉え、右翼席に運んだ。42号ソロで、今季2度目の月間2ケタ本塁打をマーク。同一シーズンで複数月の2ケタ到達は自身初だった。2回の第2打席は右前打で出塁し、その後、連打で続いたベッツとともにダブルスチールに成功。5回にも二盗を決め、1試合2盗塁でアレックス・ロドリゲス以来史上2人目の「42本塁打－42盗塁」も達成した。

さらに、この日は3度生還。得点はメジャー7年目で自己最多の104となった。長打力と走力を両立し、チームの勝利に貢献し続ける。

「ホームランと盗塁は全く違うとは思うので。両方できるに越したことはないですし、もちろん片方でいい成績を残してること自体も、自分の能力を最大限生かしてるっていうことだと思うので。それはそれで素晴らしいことなのかなと思います」

愛犬デコピンが始球式で大成功を飾った特別な日に、自分らしいパフォーマンスを届けた。

PICK UP GAME 023

「50−50」へ加速する勢い 1試合3盗塁をマーク

2024.9.2
ダイヤモンドバックス戦
(チェイス・フィールド)

○11-6

打順

1番(DH)

打撃成績

4打数2安打3盗塁

右安	ニゴ	四球
右安	四球	見三振

スタートダッシュの改善

「50−50」へ、大谷の勢いはますます加速した。7回1死一塁、右前打で出塁すると進塁の機会を探った。2番ベッツの打席で、左腕モンゴメリーからまずけん制球を受けた。初球、クイック投法でスタートは切れなかった。だが2球目、同投手が足を高く上げ、大谷は思い切ってスタートを切った。捕手の送球は間に合わず、悠々セーフとなった。さらに直後の3球目、大きなリードからスキを突き、捕手の送球が来ないまま三盗に成功。4回の二盗もモーションを見抜き、この日は3盗塁で一気に46盗塁まで積み上げた。

この時点で、盗塁成功率は92%。「**高い確率でセーフになるって自信があれば行くべきですし、1個でも多くの塁を詰めるべきだと思うので。シンプルですけど、多く企画して失敗と成功が多いよりも、それなりの企画数で高い成功率のほうがいい**」。マッカロー一

塁コーチと事前に相手投手の投球モーションの映像データを確認し、癖を見抜くこともある。**「しっかりとリスクを考えて、アウトになる確率の低い中で進塁できれば、それは理想だと思う」**と考えを明かした。

この日は、一塁からスタートが切りにくい左投手から2盗塁。「**特に（投手が）右左で難しさは感じない。総合的に考えてセーフになると思えば行きますし、共同作業ではあるので、そこを考えながら。それが勝ちにつながってくれるとうれしい**」。盗塁もチームプレー。前人未到の「50-50」へ大きく近づいた。個人記録は二の次だが、「**健康な状態で試合に出られれば、チャンスがあるんじゃないかと思います**」と前向きに話した。

大谷の〝盗塁増計画〟は、春キャンプ以前から進んでいた。ドジャース移籍が決まって以降、本拠地ドジャースタジアムで自主トレを開始。付き添っていたストレングス&コンディショニング担当のトラビス・スミスコーチは「今年に入って話し合った。彼はスタートの課題に気付いていた。加速を改善することが目標。そこを今年のゴールに設定した」と明かした。

MLB公式のデータサイト「ベースボール・サバント」によると、24年シーズンは塁間90フィート（約27・43メートル）のスピードは3・86秒で自己ベストタイ。メジャー全体では48位だった。それ以上に、改善が際立っていたのはスタートしてからのスピードだ。約3メートルまでは0・82秒で同10位、約6メートルまでは1・30秒で同17位。過去2年間は、同様の距離のスピードはメジャー全体の70〜90位前後だったが、トップクラスに数字が上がった。投打の二刀流で下半身に負担があったのも一因だが、1歩目からの〝加速〟に課題があった。

メジャー記録の通算1406盗塁を誇るリッキー・ヘンダーソン氏（65）はかつて、盗塁の極意を明かしたことがある。「勘が大事。いつスタートするか、カウントや投手のモーションを見て学べば、より簡単にできる」。その上で、最も大事なことは「スタートだ」と力説した。春キャンプで大谷は最新機器「1080モーション」を導入し、ダッシュの加速で負荷をかける練習を繰り返した。スミスコーチは「とても効果的だった。加えて、ショウヘイは改善したいという向上心があり、自分自身のゴールを設定して意識的に努力した」と証言。劇的な盗塁増につながった。

盗塁できれば、得点圏に進塁することでチャンスが広がる。特に終盤では相手にもプレッシャーをかけられる。「**それが得点につながってるのが、やっぱり自分の中で自信になってくるのかなとは思うので。しっかり進塁した先で後ろのバッターが返してくれる、ところが、自分の中でより積極的に進塁しようっていう気持ちになるのかなと思います**」。自らの事前準備と改善の努力、チームプレーの相乗効果で、盗塁数は一気に増えていった。

PICK UP
GAME
024

エンゼル・スタジアムに凱旋 古巣ファンへの感謝を胸に

2024.9.3
エンゼルス戦
(エンゼル・スタジアム)
○6-2

打順	打撃成績
1番(DH)	4打数1安打1打点

一ゴロ　右3　見三振
空三振　敬遠

忘れられない思い出の地

ドジャース大谷が、エンゼル・スタジアムの打席に立った。レギュラーシーズンでは初の古巣凱旋《がいせん》。プレーボールで第1打席を迎える前には、スタンディングオベーションで大歓迎を受けた。6年間過ごした球場でのプレーを〝特別〟と表現。まず、伝えたい気持ちがあった。

「アナハイムのファンの前でプレーできるっていうのが、まず一番かなと。本当に感謝しかないですし、今日ここでプレーできたのが、自分にとって大きなことだったなと思います」

投打の二刀流で驚異的なパフォーマンスを続けていた時も、故障や不振で悔しさを味わった時期も、エンゼルスファンの温かい声援に後押しされた。

「本当にエンゼルスのファンの人たちに感謝しかないので。ここで今年もプレーできたっていうのが一番、今日は良かったんじゃないかなと。打つ、打たない、もちろん打てればいいですけど、本当にプレーできたことが特別」

1年前の9月4日、試合前のフリー打撃で脇腹を痛め、欠場が続いた。本拠地で復帰することを願っていたが、無念のシーズン終了。オフにFAでドジャースに移籍することとなり、6年間、応援し続けてくれたファンにプレーする姿を見せられなかった。

過去6年間、故障がありながらもチームと世界一を目指すために投打の二刀流でベストを尽くした。

毎年、選手として進化を遂げても勝ちに結びつかないことが多かった。それでも、No.1選手としての地位を確立できたのはエンゼルスの球団やファンのサポートが欠かせなかった。23年12月14日、移籍後の記者会見でも大谷は感謝の言葉を口にした。

「メジャーリーガーとしての最初のチャンスを与えてくださった、エンゼルスの皆さん。本当に今振り返っても、素晴らしく、大切で、忘れられない、そんな6年間を、そんな思い出をありがとうございました」

エンゼルス時代、351試合、1443度も立った左打席のバッターボックスで、再びプレーした。

楽しみにしていた元同僚との対決。1点ビハインドで迎えた3回1死一塁の第2打席、同じ先発としてともに戦ってきた左腕デトマーズのカーブを引っ張った。右翼線への打球を見て一気に加速し、適時三塁打で同点とした。

本塁打と盗塁を量産し、観衆4万4731人は同球場で今季最多。エンゼルスの赤とドジャースの青いユニホーム

を着た両軍ファンがスタンドを埋め尽くした光景に**「本当に選手としてはありがたいですし、心強い。やっぱり大きい声援があると、それだけで違う」**と感激していた。

打点99とし、21年にマークした自己最多100打点まであと1。チームは延長10回にベッツの3ランで競り勝った。

大谷は試合後、**「レギュラーシーズンで初めてだったので。もちろん楽しみにしてましたし、勝ちたいなっていうのがやっぱ一番だったので、いい形で勝ててよかったなと思います」**と充実感をにじませていた。

元同僚のプレーでは、新たな球団の顔となった捕手オハピーやウォードが本塁打を放ち、守護神ジョイスが105・5マイル（約169・8キロ）の剛速球を披露した。

かつての仲間がシーズンを通じて活躍する姿は頼もしい。

「健康で1年間まず出れるのは選手として一番大事というか、やりきったって思えるのかなと。本当に最後まで、とにかくけがなくみんながプレーできれば」と願いを込めた大谷。

凱旋シリーズ2連戦の初戦。古巣ファンへの感謝を胸に、さまざまな感情を込めながら、ともに全力で戦った。

PICK UP GAME
025

二刀流の経験が生んだシーズン自己最多安打

2024.9.8
ガーディアンズ戦
（ドジャー・スタジアム）
○4-0

打順
1番（DH）

打撃成績
4打数2安打
1打点1本塁打

左飛　中安　右本
空三振

ブレないチームへの献身

自分超えのラッシュとなってきた。

大谷は5回1死、右腕バイビーのチェンジアップを強振した。24年シーズンの本塁打の中では最速のバットスピード84・4マイル（約135・8キロ）。自身の平均76・3マイル（122・8キロ）を踏まえると、できる限り強く振りにいったスイングだった。

「昨日もフェアになるんじゃないかと思って（打球が）切れたので、どうかなと思いましたけど、しっかりと（フェアゾーンに）残ってくれたので良かった」

手応え十分だったが、打球を立ったまま眺め、本塁打を確認してダイヤモンドを回った。

デーゲームで空気が乾燥し、打球が比較的飛びやすくなる。それを差し引いても、とてつもない打球音だった。打球速度116・7マイル（約187・8キロ）、飛距離450フィート（約137メートル）で右翼ポールを巻くように高々とアーチをかけた。右翼の観客席上段にはワールドシリーズ制覇の年号が並ぶ看板があり、球団初の「1955」に直撃した。

捉えた球種はチェンジアップ。タイミングが早ければ、ファウルになりやすいが、フルスイングでフェアゾーンに運んだ。右腕バイビーとはこの日3度目の対戦で、配球傾向を理解していた。

直近2年、先発投手と3巡目の対戦で一気に打撃成績が跳ね上がるようになった。23年シーズンは打率4割2分2厘、24年は打率3割9分5厘、本塁打は最多の12本だった。打者の目が慣れてくる3巡目で、先発を攻略しやすくなるのは当然だが、21年までは2割台だった。打ち取られた理由を分析し、次につなげる。打席間での工夫が、近年は結果に出始めている。

この日の第2打席と第3打席は、初球から2球が内角スライダー、外角チェンジアップ（真ん中への失投）で全く同じ攻めだった。

大谷は打者であり、投手でもある。時に、相手投手の心理を読むようなコメントもある。

自分ならどう攻めるか、自然と考えられるのも二刀流ならではの特殊能力と言える。もちろん、ルーティンとして相手投手の球種の軌道、配球傾向の把握など、あらゆる準備を怠らない。

打席間で守備に入らず、DHで打者専念の大谷からすれば当然の作業ではある。投手交代の時には、タブレットですかさずデータを確認する。

「攻撃の時にどう準備するか」

先を読み、予測し、最善のアプローチで臨んでいる。

本塁打と盗塁で「43-43」に到達して以降は史上初が続き、大谷しか踏み入れられない領域に突入している。3回には中前打を放ち、今季161安打目でシーズン最多安打を更新。打点も101とし、自己最多を更新した。すでに長打数も自己最多の83本。自分超えが続くが、**「チームが変わってるので、今年はあまり自分の数字がどうのこうのみたいなのを気にする余裕があまりないなっていう感じ」**と、リーグ優勝、その先のポストシーズン、そしてワールドシリーズ制覇へ集中力を欠かさない。

トップバッターで休むことなく出場を続け、長打と走力でスキのない攻撃的野球に完全に浸透した。

「1番を打ってるので打席も多いですし、その仕事をまずしっかりできればいいかなとは思ってるので、ホームランを打つこと以外もしっかりと出塁して、進塁していくというのを心がけて頑張りたい」

考え方がブレることはない。チームが頂点に立つため、全力プレーに徹した先に記録がついてくる。**「最後に振り返ればいいかなと思うので、勝って貯金をまた増やせたのが良かった。しっかり勝っていって、早い段階で地区優勝を決められるように」**。大詰めを迎えるシーズン終盤の戦い。大谷はやはり、勝つことだけを見据えていた。

OHTANI
17

PICK UP GAME
026

不敗神話を築く先頭打者アーチ

追い求めるのは勝利だけ

大谷が先頭打者アーチを放てば、負けない。2点先制された直後の1回無死、1番打者で打席に入った。左腕ウィックスの4球目、スライダーを完璧に捉えた。過去の本塁打でも2番目に低い角度19度で中堅右のスタンドへ。打球速度118・1マイル（約190キロ）の強烈な一撃をたたきこんだ。

シーズン47本塁打は自己最多。メジャー通算218号とし、アジア出身の選手では韓国出身の秋信守（チュ・シンス）と並んで最多となった。2回には四球から盗塁を決め、「47本塁打&48盗塁」で、いよいよ「50-50」が目前に迫ってきた。

キャリアハイ以上に、意味のある1発となった。カブスとの3連戦を連敗でスタートし、3連敗は避けたいところで、いきなり1回表に2点先制された。試合開始の直後からスタジアムにため息がもれる中、すさまじい打球音を残し、大歓声に変えた。三塁を回って両手をフリフリする「フレディ・ダンス」も満面の笑みで楽しそうに披露し、ホームでムーキー・ベッツとフレディ・フリーマンに祝福された。

ベンチ内ではエンリケ・ヘルナンデスと『ドラゴンボールZ』のかめはめ波ポーズ。ミゲル・ロハスとは愛犬デコピンのマネで楽しみ、チームの雰囲気をガラッと変えた。すると、大谷の先頭打者アーチからこの回5得点。5番トミー・エドマンから6番ウィル・スミス、7番マックス・マンシーまで3連発で1イニング4本塁打の起爆剤となった。

大谷が、先頭打者本塁打を放った24年シーズンは6試合で全勝。不動の1番ベッツが左手骨折から復帰しても、ロバーツ監督が1番打者で大谷を起用し続けた理由の1つに〝ゲーム・チェンジャー〟としての能力がある。同監督は8月上旬、ベッツの復帰を目前にして「1番大谷」の固定を明言。「この2人が一番多くの打席を得られるのを私は好んでいる。ショウヘイは、1球目で試合の流れを決めることもできる」と意図を明かした。

24年シーズンで1番打者では90試合に出場して419打席、1試合平均では4・65打席だったのに対し、2番打者では69試合で312打席、4・52打席だった。1試合に5打席回ってくる可能性が高い打順に大谷を起用することで、試合の流れを一変させる確率は高まる。仮に本塁打ではなくても、四球で出塁すれば、大谷の盗塁で無死二塁のチャンスを作れる。右打ちも得意とする2番ベッツ、勝負強い3番フリーマンで先制点を奪える可能性

2024.9.11
カブス戦
（ドジャー・スタジアム）
○10-8

打順

1番（DH）

打撃成績

4打数2安打
3打点1本塁打1盗塁

中本　四球　中安
中飛　右飛

が高くなる。〝ゲーム・チェンジャー大谷〟がトップバッターにいるのは、相手にとっても脅威だ。

本拠地での直近6試合で3発をマークし、一気に「50-50」が近づいてきた。それでも、同僚の正捕手スミスは「達成すると思うけど、もっと大事なのは、彼がチームの勝利に貢献しようとしていること。本当に素晴らしい。誰よりも一生懸命、練習している」と証言。大谷は基本的に試合前の練習で屋外のフリー打撃は行わず、室内ケージでの調整で試合に臨む。チームメートや球団スタッフだけが分かる大谷の懸命さは、周囲に伝わっている。

試合では、必死なプレーが全開になる。2回無死の第2打席では四球で出塁し、48個目の盗塁となる二盗に成功。一塁走者から左投手のモーションは盗みにくいが、好スタートを切り、間一髪セーフで両手をたたいて気迫を見せた。1点リードの8回、エドマンの2試合連続となる1試合2発に両手でバンザイして喜ぶ姿もあった。

「**2連敗で来ていたので、シリーズでまず、最後勝てて良かった**」

目前に迫ってきた「50-50」は追い求めていない。勝利への欲を、チーム打撃や走塁で体現しているだけ。その過程として、キャリアハイのパフォーマンスが生まれている。

PICK UP GAME
027

WBC優勝の地へ凱旋 目前に迫る大記録

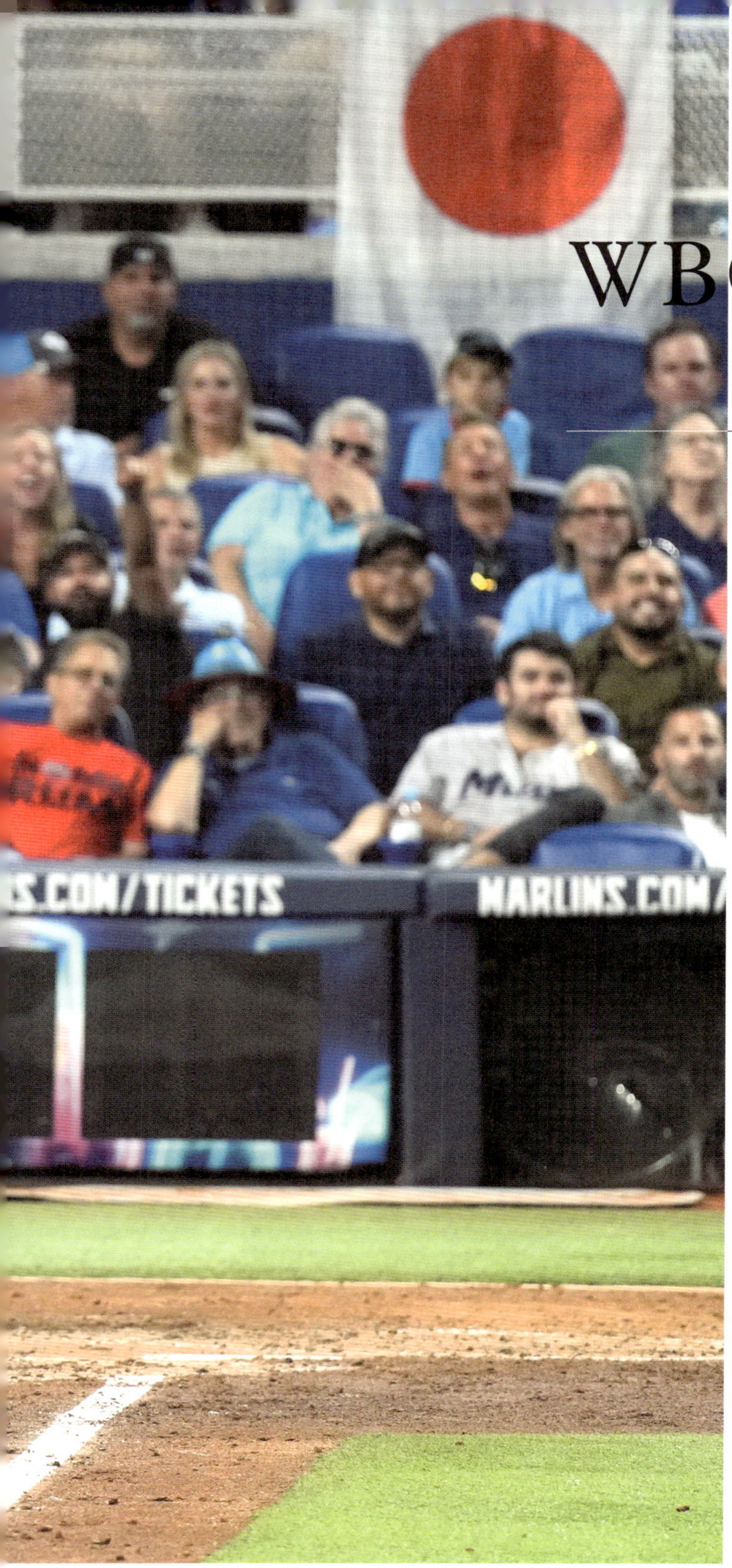

2024.9.17
マーリンズ戦
（ローンデポ・パーク）
●9-11

打順	打撃成績
1番（DH）	5打数1安打 2打点1本塁打

見三振　右本　空三振
空三振　一ゴロ

世界一を達成した縁起のいい球場

吉兆を感じさせる伝説の地へ、大谷が戻ってきた。米国南東部フロリダ州のマイアミ・ローンデポ・パークで、マーリンズとの3連戦に臨んだ。

同地でのプレーは昨年3月のワールド・ベースボール・クラシック（WBC）決勝戦で米国を下して以来、1年半ぶりだった。DHで出場しながら、9回からクローザーとして登板。当時の同僚でエンゼルスのマイク・トラウトから空振り三振を奪い、世界一を達成した縁《ゆかり》のある球場だ。

「50−50」が近づいていたこともあり、大谷が打席に入る度に敵地の観客から歓声と拍手が起こった。

第2打席、4点ビハインドの1死一塁から、右腕マコーンの内角低めスライダーを強振した。完璧な当たりに一瞬、ピタッと止まり、2階席まで大きな弧を描いた打球を眺めた。「**難しい球でしたけど、しっかりそこを打てたっていうのは良かった**」。それでも「**どちらかというと今日はやっぱり自分のゾーンをなかなか信じきれてなかったので、そこ次第かなと思います**」と3三振で4打席凡退し、チャンスを生かせなかったことを課題に挙げた。

メジャー通算218号はアジア出身の選手では最多だが、これも通過点に過ぎない。「**1つでも多く積み上げていければ。まだまだキャリアの途中ですし、あまり今の数字がどうのこうの気にしなくていいのかなと。終わった時にどのぐらいやれたなっていうのを自分で確認できればいい**」と語った。

この日は日本の文化や伝統をたたえる「ジャパニーズ・ヘリテージナイト」として開催され、試合前には日本の国旗が外野のバナーで映し出された。日本人の歌手ナオト・インティライミが国歌斉唱を担当。君が代が流れ、23年3月21日の伝説を思い起こさせるかのような大歓迎だった。

WBC優勝以来、約1年半ぶりとなるローンデポ・パーク。もっとも、大谷にとっては「**逆のベンチなので、あんまり一緒な感じはしなかった**」と、さほど特別感はなかった。

侍ジャパンでプレーしていた時は三塁側で、ドジャースで再び訪れた今回は一塁側のベンチだった。意識するのは吉兆の地でも、「50−50」でもない。

「**楽な試合があんまり少ないので、チーム状況的に五分五分で今月も来てる感じ。あんまり今を意識する余裕がないというか、本当に今日の試合を勝って、1つでも多く首位に近づいていくというか、首位を維持していく、早く**

優勝が決まるようにっていうのが一番」

23年12月の入団会見から繰り返し口にしてきた〝優勝〟の2文字を、ブレることなく目指している。

いかに、いつも通りの意識で打席に立てるか。**「本当に、いい打席を1打席でも重ねたい。それはもうシーズン始まってから今まで変わらない」**と一貫した意識がある。一方で、自分との戦いにもなる。

「いつどんな時でも、やっぱりちょっとしたズレで崩れてくるものですし、逆に言えば少しの感覚が戻れば調子の波っていうのはすぐ来るものだと思うので、それを持続するのもまた難しい」

ストライクゾーン1つにしても、審判によって微妙に異なる場合もある。**「そこを自分で信じているかどうかが、ゾーンを維持する上では大事なので。もう今日のことは忘れるのが一番かなと思います」**。自分を信じるために〝忘れる〟。大谷ならではの工夫でもある。

乱打戦に敗れ、痛い1敗を喫した。一方で、「50-50」達成への期待は高まる。「早くそこにたどり着くということとは、それだけ貢献できてることだと思いますし、チーム状況的にはきついと思うので。なんとか1打席1打席、貢献できるように」。頂点を目指し、前を向いていた。

PICK UP GAME
028

3連発、6安打、10打点 初物づくしで 祝「50-50」達成

2024.9.19
マーリンズ戦
(ローンデポ・パーク)
○20-4

打順
1番(DH)

打撃成績
6打数6安打
10打点3本塁打2盗塁

右2 右安 中2
右中本 左本 右中本

マイアミの歓喜再来

大谷もびっくり、とんでもない大当たりで前人未到の「50-50」を達成した。

7回2死三塁、右腕バウマンの外角ナックルカーブを捉えた。歴史を刻む白球は、快音を響かせて左翼へ飛んでいった。

本塁打を確信した大谷は、ドジャースのベンチに向かって大きく口を開けて叫んだ。敵地のファン、チームメート、監督、コーチ陣、球団スタッフらみんながバンザイ。鳴りやまない拍手と大歓声で包まれ、優勝したかのような歓喜に沸いた。

「今日、本当に勝てて良かったですし、早く決めたいなっていうのがあったので。一生忘れられない日になるかなと思います」

それもそのはず。試合前の時点では48本塁打と49盗塁だった。1回に三盗を決めて50盗塁に到達すると、2回には51個目となる二盗を決めた。本塁打は6回に49号2ラン、7回に50号2ランと重ね、さらに9回の第6打席で内野手ブルハンから51号3ラン。1試合3打席連発は自身初、1試合6安打も初、10打点はキャリアハイの初物づくしだった。

「これだけ打てたことは多分人生でもないので。自分が一番びっくりしてる

感じ」

周囲の想像をはるかに超え、熱狂を生んできたが、この日ばかりは自分でも驚きだった。**「みんなすごく喜んでくれた。思い出になる1日だった」**。16安打20得点の大勝に導き、お祭りの主役になった。

大谷のすさまじいパフォーマンスに、「MVP！ MVP！」の合唱が敵地で鳴り響いた。「50-50」達成後にはカーテンコールに応え、ベンチから出てスタンディングオベーションを送る観客へ向けて手を振った。試合は一瞬中断。その瞬間を作ってくれた相手のベンチに感謝するように会釈するしぐさを見せたのも、大谷らしかった。新たな歴史を刻み**「うれしいと安堵《あんど》と、それと同時に記録を作ってきた先輩方へのリスペクト、そういう気持ちです」**と語った。

約120年の歴史で、2万人以上の選手がメジャーリーグでプレーし、1度も到達したことがなかった領域。そこに価値がある。**「今までの記録はやってる人が少ない中での記録が多かったと思うので、比較対象が多い中での新しい記録っていう意味では、自分にとっても違いはあるかなと」**。投打の二刀流ではそもそも、現代野球では大谷ほどのレベルのプレーヤーが存在しない。唯一無二で、史上初の枕詞《まくらことば》が並ぶのはざらにある。だが、打者1本では違う。

もっとも、歴史的かつ衝撃的なパフォーマンスは目標に突き進んだからこその産物でもあった。この日の勝利でメジャー7年目で初のプレーオフ進出が決まった。ナ・リーグ西地区首位ではあったが、**「そこまでゲーム差も開いてないですし、残りの試合も少ない中で、やっぱり1勝が大きい。今日勝って、プレーオフをまず決めるっていう目標がみんなあったと思うんで、それが達成できて良かったかなと思います」**と安堵の表情を浮かべた。試合後のクラブハウスでは、シャンパンの乾杯だけで軽めに祝福。**「アメリカに来てからずっと夢に見てた舞台ではあるので、今日勝って決まったのは自分にとってもすごく大きい」**と少しだけ喜びに浸った。

23年3月21日、WBCで侍ジャパンを世界一に導いたマイアミで、歓喜が再来した。**「一生忘れないと思いますし、去年もそうでしたけど、いろいろプレーしてきた球場の中で、すごく好きな球場になったのかなと思います」**。ナ・リーグ西地区の優勝に向けて**「首位でいけるかどうかまだ挑戦ですけど、そこに向けていい励みになった」**と、勢いもつけた。想像を超え、劇的すぎる形で決めた史上初の大偉業。大谷翔平伝説の1ページを、ド派手なパフォーマンスで刻んだ。

PICK UP GAME 029

家族や仲間とともに全員野球でつかんだ地区優勝

2024.9.26
パドレス戦
（ドジャー・スタジアム）
○7-2

打順
1番（DH）

打撃成績
5打数3安打1打点
遊ゴロ　一ゴロ　右安　右安　左2

次に見据えるのは〝世界一〟

自らのバットで、大谷が地区優勝をつかんだ。2-2の7回1死一、二塁、立ち上がった5万2433人のファンから大歓声を浴びた。

高まる期待を背に、左腕スコットのスライダーに食らいついた。クリーンヒットとはいかない。だが、強く振り抜いたゴロで一、二塁間を抜いた。二塁走者のホーム生還を見て力強く拳を握り、ガッツポーズ。悪送球で二塁へ進塁し、大きく口を開けてベンチに向かって叫んだ。

これをきっかけにこの回5得点。一気に逆転し、大谷のV打で悲願の優勝が決まった。

「僕らももちろん特別ですし、ファンの人が何より特別じゃないかなと。そういう瞬間をホーム（本拠地）で迎えることができて、ファンの人たちにとっても、僕たちにとっても最高だった」

メジャー7年目でやっと、歓喜の瞬間がやってきた。ともに戦ってきた仲間たちと喜びを分かち合い、1人ひとりと抱き合った。

記念撮影後、待ちに待った初のシャンパンファイト。優勝でしか味わえない美酒を全身で浴びた。**「もうずっとやりたいなと思ってきたので、本当に今日できて良かったなというか、幸せな気持ちです」**。ビールを思いっきりかけられ、目が赤くなった。はしゃぎ、楽しみ、思いっきり笑った。

ドジャース移籍1年目で、まずは地区優勝のタイトルを勝ち取った。23年12月の入団会見で宣言した「優勝」。2度目の手術を行った右肘のリハビリと並行しながら、打者1本でチームに欠かせない存在として先頭に立ってきた。その一方で、開幕直後は40打席ノーアーチや得点圏での打率の低さで自分らしい打撃ができない時期もあった。カバーしてくれたのが、ドジャース全員野球。パドレスを下しての優勝に大谷は**「地区のライバルですし、強いし、素晴らしいチーム。そういうチーム相手に今日みたいな試合ができたのは、全員で勝ち取った勝利だと思います」**と喜んだ。

スポーツ史上最高額（当時）の10年契約で移籍し、結婚の電撃発表、さらに元通訳との離別もあった。思い悩み、眠れない日々もあったという。思いも寄らない逆境を乗り越え、支えてくれたのは、真美子夫人や愛犬デコピンはもちろん、ロバーツ監督や同僚、チームスタッフの笑顔でもあった。自分らしさを取り戻し、調子が上がってきた4月末。それまでの思いを明かした。

「最初の1カ月が1カ月だっただけに、逆に僕からしたらあんまり気にしないでほしいというか。むしろ笑いに変えるぐらいのコミュニケーションというか、グラウンドに持ち込んでほしくもないと思ってますし、そこはそこで自分で処理すればいいだけなので。冗談を言い合える雰囲気ってのは、すごく僕にとっては楽かなと思います」

仲間や家族と、クスッと笑い合える。そんな関係も大谷の力になった。変わらないファンの大声援にも後押しされた。そして、レギュラーシーズンの終盤で満面の笑みがはじけた。

「1戦1戦いいゲームだったので。みんな素晴らしい試合だった」

自身は得点圏で直近11打数10安打と打ちまくり、チームを鼓舞する姿勢が目立った。**「打ち方どうのこうのより、本当に気持ちの打席が多かった」**と、優勝への強い意欲が集中力を高めていた。

過去6年間、在籍したエンゼルスでは勝ちに恵まれなかった。感謝を胸に、移籍1年目の新天地で1つの大きな目標に到達した。**「本当に全員いい仕事をして、いいゲームだと思うので。ポストシーズンに向けてまだまだ頑張っていきたい。気を緩めることなく、最後までまず駆け抜けたい」**。優勝が決まる直前の9回裏。ダグアウトのベンチに座り、タブレットを手に映像を見返す大谷の姿があった。世界一へ、もうすでに先を見据えていた。

LA
Dodgers
17
balance

大谷とルーティン

大谷の特長と強みとして、明確な目的に基づいた「緻密さ」がある。6月14日のロイヤルズ戦から、新ルーティンを取り入れた。打席に入る時、三塁線の延長線上からホームベースの先端に合わせてバットを置く。軸足となる左足の立ち位置を確認する作業だ。**「球場によって（バッターボックスの）ラインの太さが違ったりする。そこで多少ズレることがないように」**と、重視する構えの安定感を保つのが狙いだった。

昨年までの本拠地エンゼルスタジアムを含め、各球場で白線の太さは4インチ（約10㌢）に統一されている。だが、本拠地ドジャースタジアムは1インチ（約2・5㌢）と極端に細い。約20年前、ドジャースの二塁手が打球と太い白線が白色で重なり、守備で見づらいと主張したことで、極細になったという。また、大谷が試合前に打撃の調整を行う室内ケージでは白線の太さは4インチ。ここでも7・5㌢の差がある上に、ホームゲームは後攻となるため、大谷が第1打席に入るまでには白線がほぼ消えかかっていることも多い。

大谷が打撃で最も重視するのは「構え」だ。その前提として、立ち位置にズレが生じれば、相手投手の見え方も変わってくる。他の打者が踏み場を作っていくことで土が削られ、不安定になることもある。かつて大谷も**「簡単なようで、同じように毎回、毎回、立っていくのも難しい」**と語っていた。立ち位置の安定は、毎年の課題でもあった。24年シーズンで放った54本塁打のうち、本拠地でマークしたのは28本。打率3割2部8厘も、敵地での成績を上回った。立ち位置が不安定になれば、致命的になりかねなかったが、わずかな違いに気付き、自らのアイデアでホームアドバンテージを生み出した。

チーム内にも浸透し、ミゲル・ロハスが後に同じ動きを取り入れるようになった。また、別のルーティンでは打席に入る直前のスイングを変更。最後まで振り切らず、途中で止めるようになった。アーロン・ベイツ打撃コーチによると、インサイド・アウトのスイングを意識していたという。

大谷の驚異的なパフォーマンスを支えたのは、技術的なことだけではない。試合前や試合中の楽しいルーティンもあった。

春キャンプから開幕直後にかけては、オフからトレーニングを見守ってきたストレングス＆コンディショニング担当のトラビス・スミスコーチと、漫画『ドラゴンボールZ』の合体技・フュージョンポーズを行った。

5月半ばにはジブリ・アニメ『となりのトトロ』の名場面を新儀式として取り入れた。同僚の山本由伸と園田芳大通訳、中島陽介アスレチックトレーナー、スミスコーチらが輪になり、グーンと伸びて両手を広げる動きを試合前に行っていた。アニメの主人公サツキと妹メイが、植えた苗の前で伸びるポーズをすると、どんどん木々が成長するシーンだ。シーズンを通じて、さまざまなパフォーマンスを考案してきたスミスコーチには「エネルギーを与えて、緊張を

ほぐしたい」と、計り知れない期待を背負う大谷を少しでも楽にさせたい思いがあった。

安打や四球などで出塁した時には、クレイトン・マッカロー一塁コーチと頭をぶつけ合う「ヘッド・バンプ」もおなじみとなった。本塁打を放って三塁ベースを回るときに両手を顔の前でフリフリするポーズで、三塁側ベンチやファンを盛り上げた。このパフォーマンスは、フレディ・フリーマンが長打を放った時に腰を揺らしながら両手を上げる「フレディ・ダンス」から派生したものだった。

技術面でも、メンタル面でも支えになった日々のルーティン。開幕からポストシーズンまで約7カ月、長丁場の過酷なシーズンを戦い抜くのには必要不可欠だった。

PICK UP GAME 030

初のポストシーズン 新たな大谷翔平伝説幕開けの1発

2024.10.5
地区シリーズ第1戦
パドレス戦
（ドジャー・スタジアム）
○7-5

打順	打撃成績
1番（DH）	5打数2安打 3打点1本塁打
	左飛 右本 中安 空三振 空三振

劣勢をはねのけ 鮮やかな逆転勝利

ここから、ポストシーズン（PS）バージョンの大谷翔平伝説が始まる。そう思わせる衝撃弾だった。

パドレスとの地区シリーズ初戦。2回2死一、二塁、〝ゲーム・チェンジャー〟大谷が、1発で空気を変えた。今季14勝のシースとの対戦で、高め速球を完璧に捉えた。PS初本塁打の同点3ランに、バットを両手でぶん投げた。強く拳を握り、雄たけびを上げた。

「状況も状況でしたし、トップクラスの素晴らしい投手が相手だったので、すごくうれしかった」

ライバルを相手に負けられない初戦。本拠地ドジャースタジアムに詰めかけた5万3028人の熱狂的にファンも一斉に立ち上がった。

メジャー7年目でようやくPSの舞台に立った。待ちに待った10月の野球。前日から胸を躍らせていた。緊張について聞かれると、**「No!」**と即答。ニヤリと笑った。シーズン終盤から得点圏打率の高さが際立ち、緊迫した場面で集中力を発揮してきた。**「そのためにやっぱり小さい頃から練習してきていますし。こういう舞台でプレーしたいっていう思いでやってきてはいるので。そこが一番、やっぱり楽しみだなっていうのは、どちらかというと今大きい」**。PSで大谷はどんな活躍を見せてくれるのか。そんな期待と注目に、1発で回答した。

くしくも〝PS版ショータイム〟の衝撃的な幕開けは、3年前の姿と重なった。

メジャーで初めて、投打で同時出場するリアル二刀流として起用された21年4月4日。いきなり第1打席で本塁打を放った。その時の相手投手が、ディラン・シース（当時ホワイトソックス）だった。コースも球種もほぼ同じ、真ん中高めの156キロ直球。すさまじい打球音が響き、一瞬で本塁打と分かる強烈な当たりも酷似していた。投打の二刀流で長いシーズンを戦えるのか、懐疑的な目を向けられていた中で、この一撃から伝説が始まった。

ともに、決して簡単にフェンス越えできるボールではなかった。低めを厳しく攻められたうえで高めの快速球を完璧に捉えた、技術とパワーが結集した本塁打だった。

大谷は**「変化球も素晴らしい中で、難しいボールでしたけど、打てたのは自分にとってすごく自信になる」**と胸を張った。序盤から3点を追う劣勢の展開。**「初戦の入りは固くなる。そこで3点取られて、いい形で早めに追いつくことができて、すごくいい流れを持ってこれた」**と、目の覚めるような一

打でベンチのムードを変えた。

1点リードの4回1死一、二塁からは左腕モレホンの内角高め速球にバットを折られながら、中前打でチャンスを広げた。その後の暴投で1点追加し、これが貴重な追加点となった。初めての大舞台。**「1球1球振り返れと言われても、あんまり思い出せないぐらい、1打席1打席しっかりと集中できた」**と、記憶にないほどゾーンに入り込んでいた。**「雰囲気自体がすごい興奮と熱気で、本当に、ただただ楽しいゲームでした」**。大歓声の心地よさを感じながら、野球の醍醐《だいご》味を目いっぱい感じ取った。

シーズンを象徴するドジャースの全員野球。3回5失点と崩れた山本由伸投手を大谷が中心となって打者陣でカバーした。**「結構落ち込んでたので、『勝ってよかったな』って。切り替えるとは思うので。場数も踏んできている投手だと思いますし、またしっかりと切り替えて、次は素晴らしいピッチングができる」**と、期待を寄せた。

右足首の捻挫で満身創痍《そうい》だったフレディ・フリーマンの姿にも**「痛みもあると思いますし。その中で勝つためにああやって一生懸命仕事をする姿っていうのは、打線に必ず影響を与える」**。その言葉通りに、ポストシーズン初戦を鮮やかな逆転勝ちで飾った。

PICK UP GAME
031

崖っぷちの状況でもブレないポジティブ思考

バットは折れても心は折れない

大谷の“あの言葉”から、ドジャースの底力が発揮された。初戦で逆転勝ちを飾ってから2連敗。3勝で突破、3敗で敗退のシリーズで1勝2敗となり、負けられない状況に追い込まれた。大谷からすれば、そんなことは頭の中から消えていた。というより、消していたのかもしれない。

「後がないっていう感覚自体が今の僕には特にない。2連勝すればオッケーっていう、そういうゲームだと思ってます」

崖っぷちでもない。土壇場でもない。短期決戦で10月の野球を戦う大谷の辞書に、そんな言葉はないのだろう。

「1勝2敗というのも考える必要もない。単純に2連勝するゲームだと思えばいい」

もともと前向きな発言は多いが、いつも以上に強烈で、力強いポジティブな言葉だった。

ポストシーズンを通じて、大谷の言葉にマイナス要素はほぼ皆無だった。2回に失策絡みで6失点し、主導権を握られたが、テオスカー・ヘルナンデスの満塁弾などで追い上げながらも競り負けた第3戦。**「劣勢からしっかりとあそこまでまた追い上げてますし、そこは自信を持っていい」**とドジャースらしい粘り強さを前向きに捉えた。

23年3月のWBC準決勝メキシコ戦でも、同じような姿があった。9回で1点リードされ、負ければ敗退だった。先頭打者で二塁打を放ち、気迫を全面に両手を振り上げるジェスチャーでチームを鼓舞。侍ジャパンを逆転サヨナラ勝ちに導き、そこから2連勝で世界一をつかんだ。何度も、逆境をはねのけてきた経験がある。データ分析や数字上の戦略が主流となっても、短期決戦で最後に勝負を左右するのは気持ちの強さ。**「流れを持って来られれば、必ず2連勝できる」**と、力強いメッセージを投げかけた。

敵地サンディエゴのペトコ・パークではライバルを相手に「BEAT LA（ドジャースを倒せ）」の合唱が何度も響き、ブーイングも浴びた。

完全アウェーでも大谷は**「盛り上がってて、素晴らしかった」**と、むしろ楽しんでいるようだった。**「短期決戦に臨むにあたって、みんな気合いも入っていると思うし、もちろん勝ちたいっていう気持ちも出ていると思うので。今日も負けてはしまいましたけど、全体的な雰囲気っていうのは、みんな勝ちに向かえてると思います」**。どこまでもポジティブだった。

プレーできることに感謝

もっとも、前向きなのは言葉だけではなかった。4回無死一塁の第2打席、左腕モレホンにバットを折られながらも中前に運び、チャンスメーク。その後、4番ヘルナンデスの満塁弾につなげた。

「チームを一気にゲームに戻すような、そういう素晴らしい一打だった」

自身に対しては厳しい攻めが続き、この日は2三振を喫した。それでも**「状態自体はいいとは思いますね。今日も（ボールを）捉えてはいるので。（第3打席の中飛がスタンドに）入ってくれたらゲームを戻す、いい一打にはなったと思うんですけど、あと少しのところだった」**。打撃の感覚にも手応えはあった。

マイナスな見方を含め、余計なことを考えても意味がない。次の打席に向かうのに意識することは**「ゾーンを保ってしっかり振るっていうシンプルに、そこだけ」**。2連勝するだけ。それもシンプル。何より、ポストシーズンの大舞台で戦える醍醐味《だいごみ》がある。

「今日終わったことは終わったことで、もう明日に切り替えて。ここまで健康で野球ができていること、今日もしっかりプレーできたことに、まずしっかり感謝したい」

とにかく、前だけを見る。大谷が短期決戦を戦う上で示した、勝者のメンタリティだった。

2024.10.8
地区シリーズ第3戦

パドレス戦
（ペトコ・パーク）

●5-6

打順

1番（DH）

打撃成績

4打数1安打

空三振 中安 中飛
見三振

LA
Dodgers
HIGGY

PICK UP GAME
032

全員野球が実を結んだ 有言実行のシリーズ突破

2024.10.11
地区シリーズ第5戦
パドレス戦
（ドジャー・スタジアム）
○2-0

打順	打撃成績
1番（DH）	4打数0安打 空三振 三飛 空三振 空三振

先発は山本由伸とダルビッシュの日本人対決

有言実行――。大谷の言葉通りに、ドジャースが2連勝で地区シリーズを突破した。

パドレス先発は、第2戦で攻略できなかったダルビッシュ有投手。前回の対戦に続き、大谷は完全に封じられたが、信頼ある仲間たちの活躍で、同地区のライバルを撃破した。

まずは先発の山本由伸投手が先陣を切った。大谷は、大舞台のマウンドに上がる山本に対しても度々激励。

第1戦の前日、記者会見で「**由伸が（ドジャースに）来てくれたのも、もちろんうれしいですし、ケガもあって本人も悔しいシーズンだったと思いますけど、ポストシーズンの1戦目に先発するっていうのは、それだけ信頼を得ている証拠。自信を持っていい**」と、力強く背中を押した。結果的に打たれても「**しっかり切り替えて、次は素晴らしいピッチングができる**」と見込んだ。

昨年のWBCでともに世界一を勝ち取った。ここぞという時の勝負強さを信頼している。

昨年オフ、ド軍との入団交渉ではウィル・スミス、ムーキー・ベッツ、フレディ・フリーマンらと交渉に同席し、ワールドシリーズ制覇へ必要なピースとして共闘を呼びかけた。能力を信じ、励まし続けた後輩は、大一番で5回2安打無失点の力投。第1戦のリベンジを果たした。

すると、山本を援護するべく、エンリケ・ヘルナンデスが2回に先制本塁打を放った。大谷と本塁打後に漫画『ドラゴンボールZ』のかめはめ波ポーズで祝福する姿がおなじみのムードメーカー。大谷の誕生日には、日本語のメッセージで記念のボールをプレゼント。今回の地区シリーズでは、敵地サンディエゴでの戦いの合間には、山本をカフェに誘い、2時間ほど一緒に過ごしたという。ポストシーズンに強いお祭り男が、試合でも山本を後押しした。

大きな追加点を挙げたのは、162試合の長いシーズンを通して大谷とともに打線をけん引してきたテオスカー・ヘルナンデスだ。

7回、ダルビッシュの内角スライダーを捉え、左翼スタンドへソロ本塁打。終盤で貴重な1点を奪った。本塁打後にヒマワリの種を浴びせるパフォーマンスを考案し、ニックネームは「ミスター・シード（種）」。

春キャンプから大谷と積極的にコミュニケーションをとってきた陽気なナイスガイは、「勝って、楽しむことが、僕にとっては野球をやるうえで最も大事な2つだから」。そのマインドは、大谷とも重なる。前向きで、勝負強いテ

オスカーなしには、ドジャース野球は成り立たなかった。

シリーズ突破が決まった瞬間、大谷は真っ先に三塁側ベンチを飛び出した。試合を締めた右腕トライネンの元へ走り、抱き合い、歓喜の輪の中心で目いっぱい喜んだ。2度目のシャンパンファイトでは「**誰が（塁に）出ても本当に一生懸命、チームプレーで後ろにつなぐんだっていう気持ちが全面に出ていたと思いますし、ロースコア（僅差）でしたけど、なんとか皆でものにした、そういうシリーズだった**」と、興奮気味に振り返った。

もちろん、かわいがる後輩に対するねぎらいも忘れなかった。歓喜に沸くクラブハウスで、インタビュー中の山本に「**アハハハハ**」と高笑いしながら、思いっきりビールをかけた。

「**圧倒して相手を寄せ付けないような、本当に圧倒的なピッチングだったなと思います**」

先発の山本から4投手をつなぎ、しのいだ第5戦。「**ブルペン（救援陣）も本当に素晴らしい。ロースコアでしたけど、勝ち切っていいゲームだったと思います**」と、全員野球をたたえた。たとえ大谷がノーヒットでも、それぞれの選手が仕事を全うし、勝ち切る底力がある。強い集団を象徴する戦いだった。

PICK UP GAME
033

ミラクル・メッツを投打で圧倒 日本人対決も制す

2024.10.13
リーグ優勝決定シリーズ 第1戦

メッツ戦
(ドジャー・スタジアム)

○9-0

打順	打撃成績
1番(DH)	4打数2安打1打点
	ニゴロ 右安 右安 中飛 四球

スキのない野球でメッツ千賀をKO

地区シリーズ突破から2日後、リーグ優勝をかけた戦いはすぐにやってきた。宿敵かつ最も手ごわい相手とみられていたパドレスを下し、チームも、大谷も勢いづいていた。

1回の第1打席は二ゴロに倒れたが、2番ムーキー・ベッツから打線がつながった。制球に苦しむメッツ千賀滉大投手を攻め、3連続四球から6番マックス・マンシーが中前に先制適時打を放った。相手からもらったチャンスは逃さない。シーズン中、特にポストシーズンでドジャースが見せつけた強さでもある。

続く2回も、不安定な千賀を攻め立てた。無死一塁から犠打で1死一塁のチャンス。大谷は、真ん中に入ってきたカットボールを強振した。捉え損ねたが、強いゴロが一、二塁間を抜け、同投手をKOする右前適時打をマーク。流れを完全につかむ3点目に一塁ベース上でガッツポーズし、自軍ベンチと満員5万3503人のファンで埋まったスタジアムを盛り上げた。

横綱相撲のような戦いぶりだった。4回、無死一塁から8番ギャビン・ラックスが犠打を決め、9番トミー・エドマンの右前適時打で追加点を奪った。さらに大谷が右翼フェンス直撃の一打を放ち、右翼手の失策を誘って再び得点。4回に3点、8回に3点を奪い、9安打9得点で圧倒した。

「1人ひとりが自分の仕事をしていると思いますし、先制、中押し、ダメ押しと、いい点の取り方をして、ゲーム運びが素晴らしかったと思います。ピッチャー陣ももちろん、素晴らしかった」。投打がかみ合った勝利に手応えがあった。

勝負強い打撃が際立っている。9月19日以降に限れば、大谷の得点圏打率は19打数16安打の8割4分2厘。ポストシーズンでもここまで5打数4安打。偶然か必然か、**「チームが得点圏に多く、チャンスメークしてくれているというところで、自分自身がより集中できている要因かなと思います」**と分析した。下位打線から上位につなぎ、得点するのもドジャース野球の特徴だ。**「ファンの歓声がすごくて、自分自身がより打席に強気で集中できる環境だった」**。本拠地の熱狂と興奮に包まれた雰囲気にも後押しされた。

ロバーツ監督が選手に求める野球は、チーム打撃や積極的な走塁など、スキのない緻密なプレーだ。

大谷は第1打席、千賀との対戦で二ゴロに倒れた。ベンチに戻る途中で、3番フリーマンに耳打ちし、相手投手に関する情報共有。打者としては当然

の行動だが、1つひとつ、忘れがちな基本を怠らない。

各打席で好球必打に徹し、四球を含めて3度出塁。ベンチでは盛り立て役としても動き、7回無失点に抑えた先発のジャック・フラハティを拍手でたたえ、ベンチ前で先頭に立って出迎えた。初のポストシーズンで高ぶる感情とともに、チームプレーを継続できる冷静さも際立つ。

適時打を放った2回には二盗を試み、好送球に阻まれ間一髪タッチアウト。7月22日以来の盗塁失敗となったが、ユニホームを汚しながら全力のハッスルプレーを見せた。

盤石の投手陣はこの日も3投手の継投で、33イニング連続無失点でメジャー記録に並んだ。大谷は試合後「**(投手陣に安定感があることで)オフェンスにより集中できるような、オフェンスのことだけ考えていれば大丈夫だという信頼が、チーム全体であると思います**」と胸を張った。

2日前のパドレス戦後、シャンパンファイトではしゃぎながら「**初戦が大事だと思うので、まずはしっかりそこに合わせて**」と気を引き締めていた大谷。まだ第1戦だが、チーム全体でスキを見せず、投打で圧倒。すでにこの時点で、リーグ優勝決定シリーズ突破の雰囲気が漂っていた。

PICK UP GAME 034

技術の高さとパワーが凝縮 ニューヨークも騒然の特大弾

7試合ぶりの1発で勢いを一気に加速

チームメートが勢いに乗せてくれた。下位打線でつなぎ、上位で得点する。大谷が、大谷にしかできない形で体現した。

4―0の8回1死一、二塁、右腕メギルの内角球を強振。2球続いたカットボールを読み切ったかのようにフルスイングで捉えた。右翼ポールのはるか上を通り、2階席まで飛んでいった特大3ラン。終盤で7点リードに広げるトドメの一撃。逆転を信じていたニューヨークのメッツファンは、この1発を見て一斉に帰路につき、スタジアムを後にした。

規格外の〝モンスタームーンショット〟だった。左打者の場合、体に近い内角に食い込んでくるスライダー系を完璧に捉えれば、ファウルになる確率が高い。大谷が捉えたボールは、ストライクゾーンのギリギリで低めに決まった。芯で捉え、フェアゾーンに入れるのも難しい球種とコースだったが、それを角度37度でかち上げた。打球速度115・9マイル（約186・5キロ）の高速ではじき返すパワーと類いまれな技術が凝縮した〝モンスター弾〟。フェアかファウルか、リプレー検証となったが、打球を見ていた大谷本人は本塁打を確信していた。

米国西海岸のロサンゼルスから東海岸ニューヨークの敵地へ移動し、1勝1敗で迎えた初戦。しぶとくつないだ下位打線の奮起で2点先制し、6回には2死から8番トミー・エドマンの安打と9番エンリケ・ヘルナンデスの本塁打で2点追加した。

同僚がチャンスを作ってくれることに繰り返し感謝を口にする大谷に、再びチャンスが訪れた。**「ランナーがたまって、いい流れがある中で、連戦の初戦なので何点とってもいいですし、そういう意味ではいいホームランになった」**。地区シリーズ第1戦以来、7試合ぶりの1発で勢いを一気に加速させた。

この時期、不思議な現象も話題となっていた。ポストシーズン（PS）を通じ、得点圏では6打数5安打と当たっていたのに対し、走者なしの場合は22打数無安打。前日にはニューヨークのメディアから、暗に本来の打撃ができていないと評価されているような質問も受けた。バリー・ボンズやアーロン・ジャッジら希代の大打者たちの傾向としてPSで打撃成績が下がることを例に挙げられ、重圧があるのかどうか問われた。**「そういう選手たちとまず自分が一緒なのかわからないですし、僕は初めてのポストシーズンなのでそこまで多く語れることはないですけど」**と、前置きしたうえで続けた。

「当然、相手の投手もトップクラスですし、リーグの中でもトップクラスのチームなので、それだけレベルの高い投手の中からヒット、ホームランを勝ち取っていくというのは、それだけ難しい作業。なおかつ、そういう選手（チームを背負う強打者）たちは、必ずケアをされるポジションにいますし、なかなか難しいと思うんですけど、僕はそれが初めてなので。今のところは自分のやれることを精いっぱいやりたいなという気持ちで戦っている」

確かに、レギュラーシーズンで54本塁打59盗塁を決めた大谷が、PSでは2本塁打で盗塁はゼロ。それでも**「終わった試合は最後に振り返ればいい」**と前だけを向くのが、大谷スタイルだった。短期決戦でしか味わえない緊張感を楽しみ、全力プレーができることに感謝の気持ちがある。試合前ですら、そんなハツラツとした姿が際立っていた。

この日はプレーボールの約2時間前、気温10度前後と肌寒く、長袖にニット帽姿の同僚やコーチ陣をよそに、大谷はTシャツ1枚の半袖姿でフィールドに登場した。笑顔でさっそうと現れ、キャッチボールで投手調整を行った。試合では、寒空を切り裂く豪快な一撃。**「勢いを継続して、敵地ですけどしっかり自分たちの野球をできれば、十分に勝利できるかなと思ってます」**。その予感は、次戦で的中する。

2024.10.16
リーグ優勝決定シリーズ
第3戦

メッツ戦
（シティ・フィールド）

○8-0

打順

1番（DH）

打撃成績

4打数1安打
3打点1本塁打

一ゴロ　四球　右飛
空三振　右本

不敗神話続く先頭弾 ナ・リーグ制覇に王手

2024.10.17
リーグ優勝決定シリーズ
第4戦

メッツ戦
（シティ・フィールド）

○10-2

打順

1番（DH）

打撃成績

3打数1安打
1打点1本塁打

右中本	四球	四球
四球	二ゴロ	見三振

欠場フリーマンとの約束 いきなり果たした2戦連発

時速146キロのボールを破壊するような打球音が、スタジアムに鳴り響いた。前夜の宣言通り、勢いに乗った大谷がすさまじい1発を放った。

1回の第1打席、左腕キンタナの2球目、甘く入ったツーシームをフルスイング。右中間へ、角度22度の弾丸ライナーで運んだ。地区シリーズからの全9試合で自身最速の打球速度117・8マイル（約190キロ）。今ポストシーズン（PS）で全50選手、98本の本塁打の中でも、No．1の最高速アーチだった。

走者がいない場面に限ればPS初安打が本塁打となった。「**シンプルに今までやってきたことを継続して、場面によって多少変える時ありますけど、基本的にはやりたいことは変えないので。比較的今日はいい打席が多かった**」。意識することも、口にすることも不変。プレーボールと同時に敵地ニューヨークの大観衆で熱気に包まれる中、先発した山本由伸投手を、強烈な一撃で援護した。

レギュラーシーズン中から、大谷が先頭打者アーチを打てば負けない。吉兆弾を放つと、前夜のリプレーかのように自軍ベンチへ振り返り、人さし指を掲げた。おなじみのポーズともなっていたが、この日は訳があった。

捻挫していた右足首の状態が悪く、欠場したフリーマンとの〝約束〟があった。

「**レイトショーはいいから、『早めに打ってくれ』って試合前に言われてたんで。『打ったよ』っていう感じの会話をしてました**」

見事に第1打席で実現させ、チームを勢いづけた。結束力があり、活気づくベンチ内には、ゲームを楽しむ空気感がある。

PSでは地区シリーズの初戦に続き、山本由伸の先発2試合で、ともに本塁打を放った。スター選手の宿命でもあるが、敵地ニューヨークでの戦いでは、毎打席ブーイングも浴びせられた。それでも「**ここまで本当に、ただただプレーできていることに感謝してますし、昨日今日、敵地でしたけど、敵地ならではの雰囲気というかね、素晴らしい中で本当にやらせてもらっているなって。明日もしっかり調整してプレーしたいなっていう、そういう気持ちです**」と、大舞台の特別感をかみしめていた。

勢いを加速させる大谷の1発につられるように、2番ムーキー・ベッツも躍動した。2打席目から安打、適時二塁打、2点本塁打、安打と4安打の固め打ち。4球連続ボールで勝負を避けられるなど、第2打席から3打席連続で四球を選んだ大谷は計4得点をマークした。「**もうただただ楽しいですね。常に状態が良さそうですし、僕自身は一塁からでも二塁からでも、常にヒットを打ったらホームに還ることに努めたい**」。12安打で10得点は今ポストシーズンで最多となり、最強1、2番コンビが、圧倒的な破壊力を見せたドジャース打線をけん引した。

ロサンゼルスからの移動日だった2日前、記者会見では眠たそうな表情だった。健康な体の状態なくして、思うようなパフォーマンスは生まれない。大谷にとって、状態を維持するには睡眠第一。「**寝れば寝るほど自分の中ではいい**」と、リカバリーを十分にとり、2試合連続の本塁打につなげた。

チームは先発の山本から3投手をつなぎ、2日連続の大勝。上位打線から下位打線まで各打者がそれぞれの仕事を果たし、投手陣も四球を抑えながら安定したパフォーマンスを見せた。勝ち方でも連日、圧倒的な強さがあった。

夢描いたワールドシリーズ進出まであと1勝。「**敵地で昨日、今日といい野球ができていると思う。それをまずはしっかりと継続して明日につなげたいですし、明日決める気持ちを持って全員で頑張りたい**」と、チームの思いを代弁した。戦いはまだ続く。前へ進むためのエネルギーは絶えない。むしろ、全開にみなぎっていた。

Dodgers
17
POSTSEASON

PICK UP GAME
036

全員野球でつかんだ勝利 スター軍団との頂上決戦へ

2024.10.20
リーグ優勝決定シリーズ
第6戦

メッツ戦
(ドジャー・スタジアム)

○10-5

打順

1番(DH)

打撃成績

4打数2安打1打点

中安 空三振 捕邪飛
中安 四球

待ちに待った大舞台

大谷は、メジャー7年目で初めてのトロフィーを手にうれしそうに、その輝きを見つめていた。同僚から順々に手渡され、隣で喜びを分かち合った山本由伸と一緒に持った。

チーム全員の記念撮影では、満面の笑みで夜空に高々と掲げた。**「初めてのトロフィーだったので。『持っていいよ』と言われて、いい記念に。ワールドシリーズのチャンピオンのトロフィーも掲げられれば最高だなと思います」**。頭にひょこんと乗せるおちゃめな姿を見せ、みんなで笑い、格別な喜びに浸った。

全員野球に欠かせない一員として、夢舞台への扉を開いた。第2戦で苦戦した左腕ショーン・マナイアとの再戦。サイドスローからインステップして投げる同投手の武器に、前回の対戦では無安打に終わった。その経験を生かし、第1打席で中前打をマーク。外角に来た甘い速球を捉えた。**「先頭打者として流れを戻せる仕事がしたい」**。この一打に、ドジャース打線は間違いなく活気づいた。

4番トミー・エドマンの適時二塁打で大谷が生還。第5戦で大敗し、この日の第6戦も1点先制されたが、すぐに同点とし、挽回した。

「ここまでも苦しい試合も多かったですし、全員で本当につかみとった素晴らしいゲームが多かった。楽に来られたわけではないので、本当に全員が一生懸命、自分のやることをやってここまで来られた。誰かが調子が上がらない中でも誰かがカバーする。そういう試合が多かった。素晴らしい試合が多かった」

この言葉が、1年を通じたドジャースの戦い方を物語っていた。4回にエドマンとウィル・スミスの2ランで追加点を挙げ、6回無死一、二塁からは、大谷がメッツ4番手の右腕スタネクの高め速球を捉え、中前に運ぶ適時打をマークした。あくまで、全員野球の一角として大谷がいる。だから、強かった。

「本当に勝ててほっとしているのと、いよいよワールドシリーズだなって。そういう気持ちで一杯です」

悲願のワールドシリーズ(WS)制覇へ、ようやくその挑戦権を得た。昨年9月、右肘に2度目のメスを入れ、ドジャース移籍1年目は打者専念で臨んだ。**「手術したり、去年はいろいろありましたけど、1年でここまで来られて、あともう少しなので、最後まで走り抜けたい」**。エンゼルス時代の過去6年間は、毎年のように進化を遂げながら、チームのバランスとかみ合わなかった。活躍しても、勝ちにつながらないことも多々あった。だが、世界一になる目標がブレることはなかった。

「ずっと出たい、プレーしたいなと思った場所なので」と待ちに待った念願の大舞台。試合後の記者会見では、開口一番**「やっと来たな」**と、率直な気持ちを口にした。

3度目のシャンパンファイトでは、これまで以上に思う存分、はしゃいだ。ビールを頭から流され、泡まみれの顔を素手でぬぐった。**「何回やってもいいもんだなって。最後もう1回これをやって今年終わりたい、そういう気持ちです」**。独特の高笑いと大音量の音楽が響くクラブハウスで、デーブ・ロバーツ監督には体の前からビールを浴びせ、先発投手のジャック・フラーティとは肩を組んで、勝利の美酒を流し合った。

世界一をかけた戦いは、ニューヨークの名門球団ヤンキースとの頂上決戦となった。**「いよいよ最後のステージに来たなと」**。立ちはだかるのは、投手ではゲリット・コール、打者では主砲アーロン・ジャッジや左の強打者ファン・ソト、好調のジャンカルロ・スタントンらを擁するスター軍団だが、臆することはなかった。**「これからも全員の力で頑張っていきたい」**と仲間を信頼し、**「10月のこの時期までプレーできるのは一握りのチーム、選手たちだと思うので。その時点で恵まれている」**と感謝。夢舞台へ挑戦できる有り難みを、かみしめていた。

NATIONAL LEAGUE
CHAMPIONS

PICK UP GAME
037

フリーマンの逆転サヨナラ満塁弾 WS史上最高のスタートを切る

2024.10.25
ワールドシリーズ第1戦
ヤンキース戦
（ドジャー・スタジアム）
○6-3

打順
1番（DH）

打撃成績
5打数1安打
中飛　空三振　遊ゴロ
右2　左邪飛

劇的弾につながった貴重な同点打

ドジャー・スタジアムが揺れた。劇的すぎる瞬間に、優勝したかのように一斉にファンが立ち上がり、選手、監督、コーチ、球団スタッフがはしゃいだ。スコア2-3の延長10回2死から、逆転サヨナラ満塁弾。試合を決めたのは、右足首の捻挫から復帰したフレディ・フリーマンだった。アウトになれば敗戦の土壇場で、左腕コルテスの内角速球を完璧に捉えた。右手を掲げ、本塁打を確信。ダイヤモンドを回りながら、大きく口を開けながら両拳を強く握った。ホームベース周辺で歓喜に沸くドジャースナイン。大谷も飛び跳ねながら、その輪に加わった。

名門対決の頂上決戦シリーズで、例年以上に盛り上がりを見せた初戦。大谷が「**もう本当に最高のホームランで、最高の勝ち方を1戦目に持ってこれたかなと思います**」と振り返ったように、これ以上ない劇的な白星発進となった。試合後のインタビューを終えてもしばらく引き揚げず、フィールド上にとどまっていた。家族や選手、チームスタッフと抱き合い、祝福を受けるヒーローの姿を見つめながら拍手。満身創痍の状態で最大限、全力でプレーしたベテランの殊勲打をたたえた。

もっとも、その展開に持ち込んだのは、大谷だった。1点ビハインドの8回1死、ヤンキースの3番手で登板したケンリーから右翼フェンス直撃の二塁打をマークした。24年シーズン、チェンジアップを駆使し、左打者の被打率1割6分9厘で〝左キラー〟の傾向があった同投手。だが、数字上の相性やデータだけで大谷は抑えられない。2球続いた必殺球チェンジアップを捉え、あと数10センチで本塁打となる強烈な当たりを放った。全速力で二塁に到達し、雄たけびを上げながらチームを鼓舞。さらに二塁手の捕球ミスを確認すると、すかさず三塁へ進塁した。続くベッツの犠飛で生還し、同点として1、2番コンビで流れを取り戻した。

それだけではない。フリーマンはワールドシリーズ（WS）終了後、テレビ番組に出演し、サヨナラ場面のシーンについて大谷の打席を参考にしていたことを明かした。10回1死一、二塁から大谷への初球は真ん中からやや内角へ食い込む速球で、フリーマンが仕留めた初球も、内角への速球だった。レギュラーシーズンから打者陣が耳打ちで情報共有するなど、選手それぞれが緻密な野球を実践。WS史上初の逆転サヨナラ満塁弾は、心がけてきたチームプレーのたまものだった。

初のWS出場となった大谷は前日から、ワクワク感を抑えられないようだ

った。記者会見では**「今まで逆に見る側だったので、楽しみにしてましたし、悔しい思いの中で、今年は自分がプレーできるという喜びを、まずフィールドで出せたらいい」**と意気込みを語った。かつて、手術明けの病室や、オフの自主トレーニングで練習していた時に映像で見ていたことも記憶にある。待ちに待った大舞台。冷静沈着な口ぶりでも、気持ちは高ぶっていた。

「1年の集大成として、やっぱり自分自身の、野球人生の中の1つとしても大きなもの。チームメートも素晴らしいですし、1年間楽しくプレーできたのはそういう人たちのおかげだと思うので。その集大成としてこのシリーズをまず勝って、最高の終わり方ができればいいかなと思います」

ドジャース先発のジャック・フラーティ、ヤンキース先発のゲリット・コール両投手が力投し、1点を争う接戦。最終的には上位3人のMVPトリオが得点に絡むベストゲームとなった。

「両先発ともに素晴らしい立ち上がりからの後半、うちがああいう形で最後持っていくことができたので。本当にピッチャー陣も含めて、素晴らしい勝ちだった。また明日、いい勝ち方ができるように頑張りたい」と声を弾ませた。悲願の世界一へ。史上最高のスタートを切った。

PICK UP GAME

038

左肩の亜脱臼で迎えた試練も士気を崩さなかった意思伝達

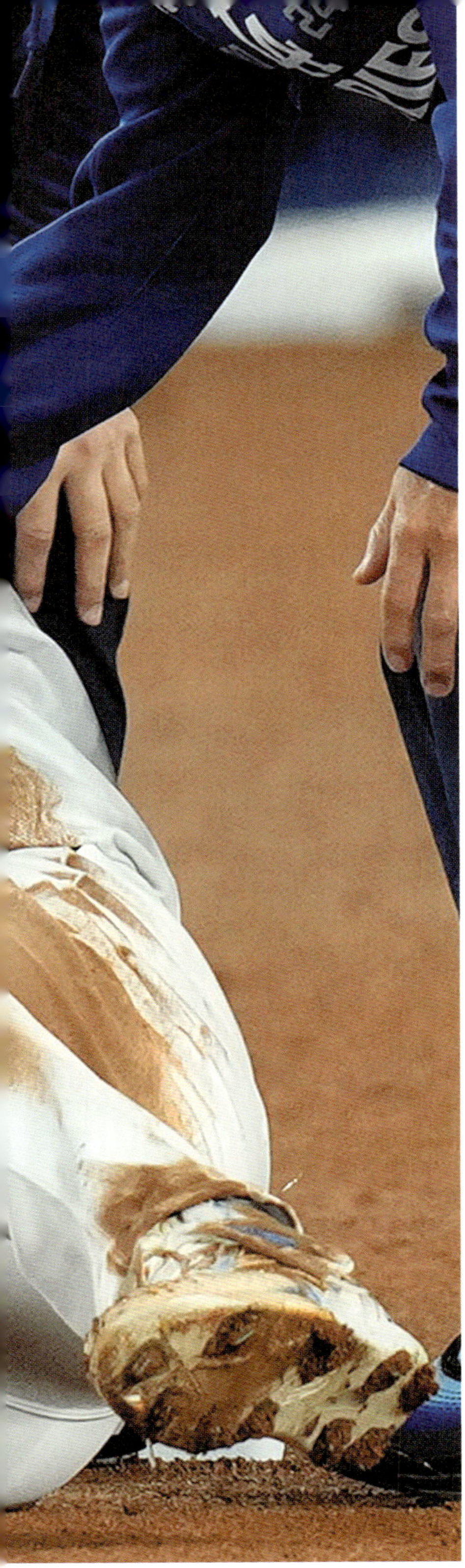

チームメートに即連絡

先発の山本由伸が力投し、競り勝った第2戦。試合終了からわずか2分後、大谷は余韻に浸ることなく足早にスタジアムから引き揚げた。

アクシデントが起きたのは4－1の7回2死。二盗を試みた時、スタートがやや遅れ、懸命にスライディングした。滑るタイミングがやや早かったのか、左手を引きずり、肩を負傷。球団トレーナーに左腕を抱えられ、2連勝を見届けてから病院へ直行。ナイターゲームから敵地ニューヨークへ向かうチーム便とは別で、医師の診断を待った。

負傷した直後は、ロバーツ監督を始め周囲の誰もが心配そうな様子だった。一方で、大谷は気持ちを強く保っていた。出場可能と判断し、その旨をすぐに同僚へ向けてグループメッセージで伝えた。「**チームの士気だけはやっぱり下げたくはない。ケガ人もいる中で、フレディ（フリーマン）もそうですけど、みんなが必ずしも万全の状態で（試合に）出ているわけではないので。みんなどこかしら、痛みを抱えながら出てる選手も多い。その中で自分のできることを、しっかりやれれば**」。強行出場へ、最善を尽くした。その行動の1つが、一刻も早いチームメートへの意思伝達だった。

今ポストシーズンでは、右足首を捻挫していたフリーマンが、激戦となったパドレスとの地区シリーズ初戦から懸命にプレーした。全力で走れず、足を引きずるような姿は痛々しかった。大谷はもちろん、上位打線から下位打線まで全員野球でカバーした。戦いを重ねるたびに強まる結束力。もっとも、そのドジャース野球はレギュラーシーズンからの継続だった。投打ともに主力選手が続々と離脱し、1年を通じて離脱しなかった野手は大谷とテオスカー・ヘルナンデス、ウィル・スミスの3選手のみ。チームの危機が訪れては踏みとどまり、首位の座を明け渡すことはなかった。

故障者が出たとしても、何度も苦しい時期を乗り越えてきた経験がある。その中心に大谷がいた。大谷は、間違いなく打線に欠かせない存在になっていた。だから、チームも大谷も心は決まっていた。常勝球団のドジャースでさえ、毎年ポストシーズン（PS）を勝ち抜き、ワールドシリーズ（WS）に出場できるとは限らない。大谷にとっては、メジャー7年目でようやく巡ってきた悲願達成のチャンスだ。目前に迫る夢を逃す理由はない。

第2戦の試合後、左肩の亜脱臼と明かしたロバーツ監督は「強度も可動域も良かった。彼が出場することを期待している」と語った。翌日、敵地ニューヨークへ移動し、再度スイング強度

2024.10.26
ワールドシリーズ第2戦

ヤンキース戦
（ドジャー・スタジアム）

○4-2

打順

1番（DH）

打撃成績

3打数0安打

中飛 空三振 遊ゴロ 四球

や可動範囲のテスト行った。「彼がプレーできる、プレーしたいなら、出場する」と前向きなトーンが強くなった。結果的には、WS後に左肩の関節唇損傷を修復する手術を行う事態に至った。患部の状態は決して良くなかった。重症化のリスクはあったが、大谷も、チームも意思は固まっていた。強行出場——。それ以外の選択肢はなかった。

厳しい戦いを強いられるが、大谷はできる限りチームを安心させた。同僚にグループメッセージを送った際、20年に右肩脱臼でWSに強行出場した左の強打者コディ・ベリンジャー（現カブス）を例に挙げ、その年に世界一になったことで、自らのアクシデントを前向きな見方に変えたという。エンゼルス時代の過去6年間、故障判明の直後に本塁打を放つなどよく打っていたのも、チームに心配をかけたくない、士気を下げたくない思いがあった。

そして、その気概に応える仲間たちがいる。初戦から2試合連続の本塁打を放ち、勢いづくフリーマンは選手たちの思いを代弁した。

「自分が離脱していた時も、みんながカバーしてくれた。今回も同じことができれば」

互いに持ちつ、持たれつ——。手負いで強行出場する大谷を手助けする準備はできていた。

PICK UP GAME 039

「出られるなら出たい」強行出場でチームに貢献

2024.10.28
ワールドシリーズ第3戦
ヤンキース戦
(ヤンキー・スタジアム)
○4-2

打順

1番(DH)

打撃成績

3打数0安打

四球 二ゴロ 空三振 三邪飛 死球

左肩を固定しながら懸命のランニング

大谷の思いが通じた。世界一へ、一気に近づいた。左肩を負傷しながら強行出場。いつもと変わらず、チームの先頭で戦った。

プレーボール直前、敵地ニューヨークのファンは、ヤンキース選手を盛り立てるBGMミュージックと派手な演出で盛り上がった。スタジアムの照明が落とされ、まだ暗い中で、1番打者の大谷はやる気をみなぎらせるように、両軍一番乗りでベンチから出てきた。両手で素振りを14回。左肩負傷の影響を感じさせない、豪快なフルスイングだった。この光景はおそらく、投球練習を始めたヤンキースの先発右腕シュミッドの視界にも入っていた。

「だんだん痛みも引いてきているので、自分のスイングが戻ってきている」

全力を尽くし、前に進もうとしている大谷の姿勢は、打席での存在感に好影響をもたらした。1打席目、重圧からか、制球を乱したシュミッドのボールを一度もスイングすることなく、四球で出塁。その後、1死から3番フレディ・フリーマンの3試合連続本塁打が飛び出し、手負いの大谷の四球が最高の形で得点につながった。

走塁時には左肩を固定するようにユニホームの胸部分をつかみ、実際には打球をスイングすれば、フォロースルーで左手が離れてしまうほどの状態。表情からも痛みがあるのは明らかだった。それでも「**打席の中ではもうあんまり覚えてない。痛い、痛くないという感じは、顔にどの程度出たかよくわかんないですけど、あんまり考えてはなかった**」と必死だった。

試合前の選手紹介では場内アナウンスと同時にジャンパーを羽織り、左肩を固定した姿で登場。「**ずっと温めて、冷やさないように**」と最善を尽くした。

強行出場へ「**出られるならやっぱり出たい。出たいというか、出る準備をするのが当然のことではあるので。その上で、チームが出てほしい、必要だって言ってくれるのであれば、最善の準備をして試合に戻りたいなと思ってました**」。そのために睡眠時にも細心の注意を払った。「**なるべく固定して、枕を挟んで固定したり、寝てない時は逆に動かして、固まらないように**」

チームから必要とされ、全力で準備する――。その一心で第3戦に臨んでいた。最高峰のレベルであっても、どんなに現代野球が進化しようとも、結果がメンタルの強さに左右されるのは変わらない。

シーズン当初、大谷も「**メンタルも技術のうち**」と言っていた。データ解析が進み、パワーやスピードを中心に、さまざまな分野でパフォーマンスのレベルが上がっている。数字上のデータが野球に及ぼす影響は年々、確実に強くなっている。

だが、最終的に勝敗を決するのは選手それぞれの〝気持ちの強さ〟だ。痛みに耐え、強行出場を続けてきたフリーマンを筆頭に、大谷も試合に出れば、「**もう痛くないっていう気持ちでやってます**」と気力を振り絞る。チームに必要とされ、いかに貢献するか――。その心意気が、逆境に立ち向かう選手を突き動かす。

満身創痍で懸命にプレーする姿に、同僚が一致団結して奮起する。それが、24年シーズンのドジャースの強さでもあった。大谷は第2打席、無死一塁から二ゴロを放ち、進塁打でチャンスを生んだ。すると、2番ムーキー・ベッツが粘り強く適時打を打ってくれた。たとえ故障や不振などで苦しむ選手がいても、全員でカバーする――。ドジャース野球を象徴する勝ち方で3連勝し、一気に世界一へ王手をかけた。

手負いの状況だろうが、もはや関係ない。大谷は試合後に言っていた。第3打席での空振り三振に「**最後はボール球だったので、しっかりと見送れていれば、フォアボールを取れた打席だった**」。

悲願の世界一は目前に迫る。それでも、冷静に課題を見出すあたりが、大谷らしくもあった。

STRAUSS
LA

PICK UP GAME 040

あふれる笑顔 7年目で悲願の世界一

2024.10.30
ワールドシリーズ第5戦

ヤンキース戦
(ヤンキー・スタジアム)

○7-6

打順

1番(DH)

打撃成績

4打数0安打

中飛 左飛 空三振 遊ゴロ 打妨

気力で戦い抜いた シーズン178試合

勝って、笑って、はしゃいで終えた。このときを7年間、待っていた。悲願のワールドシリーズ制覇。大谷がやっと、頂点に立った。

試合終了の瞬間、三塁側ベンチの端から一目散にマウンドへ走った。歓喜の輪へ真っ先に飛び込み、もみくちゃになった。胴上げ投手のウォーカー・ビューラー、力投したブレイク・トライネン、長年ドジャースを支えたベテラン左腕クレイトン・カーショーらとともに戦ってきた仲間たちと1人ひとり、抱き合った。笑顔があふれた一瞬一瞬。この上ない喜びに浸った。

左肩負傷の影響で、無安打に終わった。だが、チームは序盤の5点差をひっくり返し、劣勢から逆転勝利。最終戦でも、全員野球を掲げたドジャースらしい粘り強さは健在だった。

「素晴らしいチームを相手にしながら、自分たちの野球ができたことに誇りを

持ってますし、こういう風に最後まで勝ち切れた。本当にこのチームを誇りに思ってます」

30球団のうち1チームしか味わえない世界一のセレモニーで、みんな一緒に優勝トロフィーをニューヨークの夜空へ掲げた。

移籍1年目、激動のシーズンだった。**「長かったです」**とひと言で振り返り、少し笑った。最後の最後で左肩を負傷する試練が訪れたが、優勝に欠かせない存在になることを思い描き、気力で戦い抜いた全178試合。**「何よりも必要だと言ってもらえた、プレーしてほしいと言ってもらえたことがすごく光栄。そこに対して、そう言ってもらえたことに感謝してますし、そういう気持ちが1年間、自分の中で頑張ってこられた要因かなと」**。勝つために必要とされることが、何よりうれしい。その期待に応えること――。頂点まで突き進む原動力になった。

7年目でようやくつかんだ世界一。大谷翔平伝説の1つの節目ではあるが、これは始まりに過ぎなかった。地区優勝を決めてから4度目のシャンパンファイト。思う存分に楽しみながら**「今後またこうやってできるように、もっともっと何回やっても良いと思うので、また頑張りたい」**と言った。23年はWBCで侍ジャパンを世界一に導き、2年連続でNo.1の称号を得ても、燃え尽きることはない。フリードマン編成本部長には**「これをあと9回やろう」**と告げた。むしろ、もっともっと勝つことへの欲が増していた。25年以降、大谷が投手として復帰すれば、先発陣により厚みが増す。投打で最強のドジャース黄金時代。大谷はワールドシリーズ連覇、さらにその先を見ている。

MVPトリオとして注目されたムーキー・ベッツ、フレディ・フリーマンの存在も大きかった。球団を背負うスター選手でありながら、チームプレーに徹する2選手の姿を見て、感じることがあった。**「自分の野球観、技術も上げてくれるような、そういう素晴らしい選手とやらせてもらって、フレディーとムーキーはもちろんそうですけど、本当に1番から9番まで、自分の仕事をプロフェッショナルにこなしていく、そういう選手たちが集まっていたなと」**。それぞれが目的を持ち、共有し、戦う集団になる。二刀流の大谷と完全融合すれば、黄金時代到来の可能性は十分にある。

過去6年間も、勝つことを最優先とする姿勢は不変だった。だが、チームとかみ合わなかった。悔しさを味わい、思い通りにいかない苦難の連続。それでも前を向き続け、耐えた。1人の野球人として、常に上を目指すマインドを忘れることはなかった。思いはやがて結実する。それが、ド軍の移籍1年目に重なった。日本のファン、そして真美子夫人や愛犬デコピンら家族の支えにも感謝し、**「最後こういう形でシーズンを終えられたことが、本当にうれしく思います」**と喜びを語った。有終の美を飾り、胸を張った。これがドジャース大谷伝説の序章――。そう思わせる、24年シーズンの長い戦いだった。

Yoshinobu **18** Yamamoto

メジャー1年目で躍動
山本由伸

故障で苦しい時期も大谷とともに戦った1年

ワールドシリーズ制覇を成し遂げるのに、山本由伸の存在は欠かせなかった。23年シーズンオフの入団交渉で共闘を呼びかけた大谷は、頼もしい先輩としてメジャー1年目の後輩を支えた。

春キャンプでは初ブルペンの投球を背後から見守った。2月28日、オープン戦の初登板にもサプライズで敵地を訪問。4月6日の初勝利後には日本人のチームスタッフとともに焼き肉を食べに出掛けた。クラブハウスのロッカーは隣同士。本拠地では大谷に2つ与えられたロッカーのスペースを半分ずつで共有した。

シーズン中を通じ、好投のたびに「素晴らしい」とたたえ、苦難の時には励まし続けた。6月中旬、右肩腱板（けんばん）の損傷で負傷者リストに入った山本を「1試合1試合、前の登板から次の試合に向けて、調整も人一倍頑張っていた。見ていてそう思うので、ケア不足とか、そういうことはもちろんないと思いますし、全部を全力でやっている。本人が一番悔しいとは思いますし、本当に早い段階で帰って、いい状態で投げられるようにサポートしたい」と思いやった。

自身も故障を繰り返し、チームを離脱する辛さを味わった。1年目で言葉の壁や私生活の変化など、経験したからこそ理解できることもある。

一方で、過剰な気遣いをされないよう適度な距離感を保っていたようにも見えた。シーズン途中、本塁打後にベンチで「ガォー」と雄たけびを上げるかのような儀式を開始。力投して三振を奪った時の山本をまねたもので、「リトル・ライオン」と命名されたパフォーマンス。山本がリハビリで離脱中も、大谷は楽しみながらチームスタッフと続けていた。

シーズン終盤に先発陣の故障離脱が続き、その穴を埋めた。24年のポストシーズン初戦で、開幕投手を務めた山本に対し、大谷は「自信持っていいと思いますし、その試合で一緒に出られるのは特別かなと思います」と喜んだ。山本は3回5失点と本来の力を発揮できなかったが、その後の3戦では2勝0敗、防御率1・72の圧倒的な投球を披露した。大谷が信じたように、チームの世界一に必要不可欠な戦力となった。

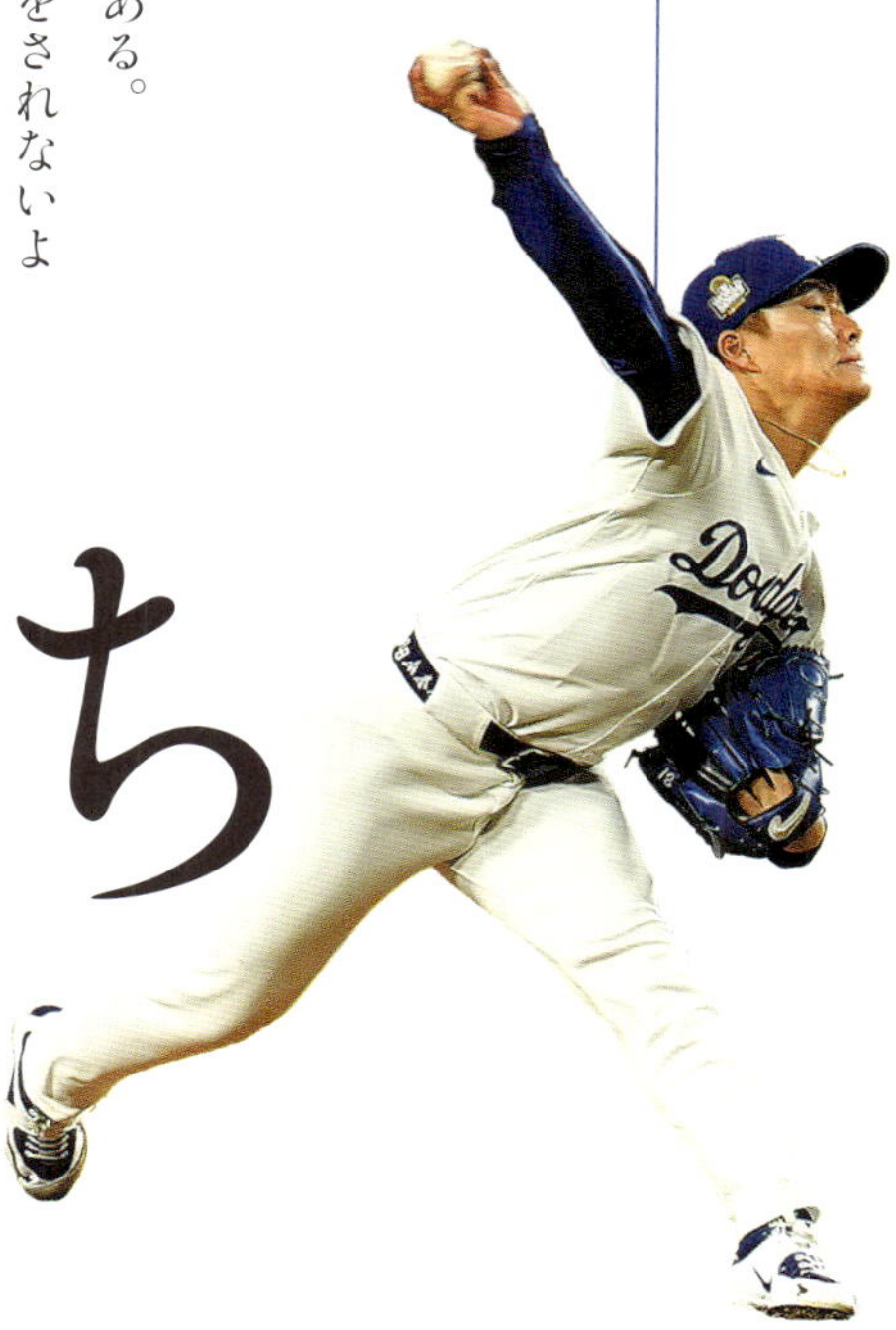

立役者たち

大谷を支えた

大谷翔平の「50-50」やワールドシリーズ制覇の偉業は、
チームメートたちの多くの支えがあったからこそなし得た。
ここでは、とりわけ大谷に大きな影響を与えた3人を紹介する。

Freddie 5 Freeman

フレディ・フリーマン

リスペクトすべき主砲

高校時代は二刀流で活躍 攻守でチームに貢献

大谷にとって、過去に世界一を経験しているスター選手の存在は頼もしかった。10月24日、ワールドシリーズの前日会見。ムーキー・ベッツとフレディ・フリーマンに対して、感謝の気持ちを口にした。

「ともに素晴らしい選手ですし、チームメートとしても感銘を受けるというか、本当に準備から、普段のクラブハウスの過ごし方もそうですし。本当にチームの主力の選手として、すごく助けられた1年だったなと思います」

フリーマンは日々のルーティンワークで、ハーフバウンドのボールを捕球するハンドリング練習を怠らない。パートナーを務めるディノ・イブル三塁コーチによると、80回が日課だという。24年シーズンは三男マックス君の看病で離脱期間があったが、例年はレギュラーシーズン162試合×80回で1万2960回のハンドリングを行う。ブレーブス時代からフリーマン自身が課しているノルマだ。

シーズン中やポストシーズンを含め、内野手のハーフバウンド送球を難なくカバーするグラブさばきは、守りを固めるドジャース野球を何度も救ってきた。大谷の言う〝準備力〟は、日々の小さな積み重ねがあってこそだ。

互いにリスペクトし、信頼を寄せる。フリーマンは高校まで三塁手と投手の二刀流だっただけに、その準備の過酷さを理解する。エンゼルス時代、二刀流で活躍していた大谷について「本当に驚くべきこと。エネルギー、スタミナ、メンタル面の辛抱強さ、どれだけあるのか、計り知れない。ベストヒッターでもあり、ベストピッチャーでもある。信じられない。野球ファンとして、見ていて楽しい」と称賛した。

長男のチャーリー君は父の背中を追いながらも、大谷のファンでもある。移籍してきた大谷と再会した時の会話をフリーマンは、こう明かした。「彼が最初に言ってきたことは『チャーリーはどこ?』って。とても、いい気分になった。息子の名前を覚えていて、会いたいと思ってくれている。それが、ショウヘイらしさを表していると思う」。新加入の選手を温かく迎え入れ、ファミリーのような結束力があるのもドジャースの強み。その中心にいたのが、フリーマンだった。

最強1・2番コンビ
ムーキー・ベッツ

大谷とともに、勝ち続けることに貪欲な男がいた。20年にレッドソックスから移籍し、チーム加入5年目となったムーキー・ベッツは攻守の要としてワールドシリーズ制覇に貢献。キャリア3度目のチャンピオンリングを手にした。時間がある限り、バットやグラブを手にフィールドで動き回る練習の虫。シーズン中に応じた2度の対面インタビューで、野球観や生き方について語った。

「ショウヘイが来てから全てが変わった」

野球大好きで、チャレンジすることを好む。大谷と似たマインドがある。24年シーズンは本格的に遊撃手としてプレーし、6月中旬に左手を骨折するまではほぼ毎日、ミゲル・ロハス内野手と特守に励んだ。とにかく、フィールドで練習する時間が長い。そのエネルギーの源はどこにあるのか。インタビューの冒頭で、こう明かした。

「生まれつきかな。小さい頃からたくさん練習していたし、何時間も何時間も外にいたけど、疲れることはなかった。だから、生来の性質なんだと思う」

身長175㌢で、メジャーリーガーとしては細身で小柄なタイプだ。高校時代はバスケットボール選手としても活躍し、趣味のボウリングはパーフェクトゲームを記録するほどの腕前。身体能力が高い万能アスリートでもある。野球でユニホームを脱げば筋肉質な体が際立ち、食生活の管理でこだわりがあるように見える。

「体にいい物を食べるようにしている。揚げ物はなるべく食べない。クレイジーだが、果物、野菜、グリルチキンを多く摂取して、牛肉もあまり食べない。専属シェフや専属トレーナーがいて、チームとして責任を持って僕の体を健康に保ってくれるんだ」

試合前のフリー打撃ではセンターから右方向への意識で打球を飛ばし、後半のセットではフルスイング。練習で柵越えはしないが、試合では本塁打を放つ。心がけていることとは——。

「毎日、同じスイングをずっとできるように。（状態が）いい時も、悪い時もある。それでも同じスイングを繰り返すんだ。おそらく、投手が強いボールを投げるから、それでアドレナリンがより多く出て、僕にもっとパワーをくれる。打撃練習でさえ、ホームランを打つのは僕にとっては難しいことなんだ」

全身を使い、体の回転でボールを飛ばす。実は野球少年時代の、ある出来事をきっかけにした反骨心が影響しているという。

「僕は、とても体が小さかったから、対戦チームは選手たちになるべく（守備で）前進するように指示していたんだ。だから、僕の父と母は、彼らの頭を越えるように打つんだって。そうして、子供の頃にどうやったらホームランを打てるのか学んできたよ」

第1打席に入る直前には、グラウンドにバットで文字を描くのがルーティンだ。「E・C」。亡くなった祖母エタ・コリンズさんのイニシャルで、家族の“お守り”を背に、いつも全力プレーを誓っている。

6月中旬、死球を受けた影響で左手を骨折した。その後、約2カ月の長期離脱。野球を離れてからの日頃の支えは、高校時代に知り合ったブリアナ夫人と愛娘の存在だった。

「いつも、一緒にいてくれた。これだけ連続で家族と日々を過ごしたのは本当に初めて。2カ月間も一緒にいて、毎日会えたのは楽しいことだったよ。もちろん、ケガはしたくないけど、家族といい時間を過ごせて、それを経験できて良かった。いつもは（フィールド上で）動き回っているから退屈に感じて、自分らしくない時もあったけど、いつも一緒にいて支えてくれた。『全て大丈夫。あなたはすぐに戻れる』って」

8月中旬に復帰し、2番打者としてドジャース全員野球の中核を担った。時に、大谷や他球団のスター選手らと比較されながら、パフォーマンスをたたえられることもある。ただ、いつでもベッツの信条は“自分らしく”だ。

「他の人がやっていることは僕にはできない。逆に、他の人ができないようなことが僕にはできる。自分がどういう選手かを理解することがとても大事。ショウヘイでいえば、彼がやっていることは僕にはできない。だから、トライすることすら意味をなさないんだ」

レッドソックス時代、左の強打者デービッド・オルティスら希代のスター選手とともにプレーした経験も、今に生きているという。

「ビッグ・パピ（オルティス）やダスティン・ペドロイアら多くのすごい選手たちとプレーしてきて、彼らのようになりたいと思っていたけど、多くの失敗をした。それは、僕がやるべきことではなかった。ホームランを打とうとすることは、僕らしいことではない。ただただ、自分らしくいるべきなんだ」

個性豊かで、かつチームプレーに徹する仕事人の集団がドジャースの強みでもある。そこに大谷がもたらしたものは何だったのか。

「全てが変わった。1つではない。彼が来てから、ドジャースの組織全体も変わったと思う。彼は勝つために全てのことをやっている。素晴らしい姿勢で毎日プレーして、僕らはみんな、彼とプレーできて幸運だと思っている」

この言葉がチームへの影響力を物語る。最強の1、2番コンビ、そしてフレディ・フリーマンを加えたMVPトリオの化学反応なくして、世界一はなし得なかった。大谷が思い描く連覇と、その先に続く黄金時代の到来。常勝軍団にベッツの存在は、欠かせない。

大谷翔平 ドジャース1年目の軌跡

2023年

12月 9日　エンゼルスからドジャース移籍を決断し、自身のインスタグラムで発表

12月14日　ドジャースタジアムで入団会見

2024年

2月 9日　新天地でキャンプ初日を迎える

2月29日　インスタグラムで結婚を電撃報告

3月20日　韓国・ソウルで開催されたパドレスとの開幕シリーズに打者で出場。移籍後の初安打、初盗塁、初打点をマーク

3月21日　長年通訳を務めてきた水原一平氏の解雇を球団が発表

4月 3日　開幕から自己ワースト40打席ノーアーチ後、待望の移籍後初本塁打

4月21日　松井秀喜を抜き、日本人歴代最多のメジャー通算176号

5月17日　ロサンゼルス市から「ショウヘイ・オオタニデー」が制定される

6月17日　左手骨折のベッツに代わって「1番打者」に打順変更

7月 5日　30歳の誕生日

7月13日　日本人初のメジャー通算200号達成。809試合での到達は元祖二刀流のベーブ・ルースよりも8試合早かった

7月16日　球宴で初本塁打。球宴で勝利投手（21年）と本塁打を記録したのは史上初

8月 3日　日本人メジャーで初めての「30本塁打&30盗塁」を達成

8月23日　9回2死満塁から自身初のサヨナラ満塁弾で「40-40」を達成。史上6人目、最速での快挙

8月28日　デコピンと始球式&42号先頭打者弾

8月30日　98年のアレックス・ロドリゲスの「42本塁打&46盗塁」を上回り、史上初の「43-43」を達成

9月19日　敵地マイアミのマーリンズ戦で前人未到の「50-50」を達成

9月26日　パドレスを破って地区優勝。メジャー7年目で初のシャンパンファイト

9月27日　57盗塁で01年のイチローを抜いて日本人のシーズン最多を更新

9月29日　シーズンを終え、54本塁打、130打点で打撃2冠。197安打、59盗塁、134得点などの打撃部門でキャリアハイ

10月 1日　ナ・リーグでは初、通算5度目の月間MVPを獲得

10月 5日　初のポストシーズン出場。パドレスとの地区シリーズ初戦で初本塁打

10月11日　王手をかけられてから2連勝で地区シリーズを突破

10月16日　メッツとのリーグ優勝決定シリーズ第3戦で特大3ラン

10月20日　ミラクルメッツを4勝2敗で下してワールドシリーズ（WS）進出

10月25日　ヤンキースとのWS初戦で1安打1得点。10回2死満塁からフリーマンがWS史上初の逆転サヨナラ満弾

10月26日　WS第2戦、二盗失敗の際に左肩亜脱臼のアクシデント発生

10月28日　WS第3戦で負傷した左手をかばいながら志願の強行出場

10月30日　WS第5戦、無安打でも全員野球で悲願のワールドシリーズ制覇を達成